英語らしい英文を書くための
スタイルブック

富岡龍明 著
英文校閲 ロバート・ノリス

Stylebook

研究社

はしがき

　自分で英語を書いたり話したりするとき、「文法的には一応問題がないと自分で思えるけれど、自分の英語はいったいどんな風に響いているのか、どんな感じなのか、そのあたりがどうもはっきりしない」という一種のもどかしさを、外国語として英語を勉強している人ならばほとんど誰でも経験するのではないでしょうか。また、これも多くの人が経験することですが、英語のネイティブスピーカーに自分が書いた英文を見せると、awkward（ぎこちない）、redundant（ダラダラしている）、stiff（かたい）、unclear（不明瞭）、などといったコメントが返ってくることがあります。こういうコメントは必ずしも文法上の誤りに対するものではなく、どちらかというと文体（style）に関するものである場合が非常に多いのです。

　文法（grammar）は文を作るうえでの規則、決まりごとですが、文体（style）とはいったいどんなものでしょうか。よく、「この作家の文体は重い」とか、「あの作家の文体は簡潔だ」などといいますが、ひとことでいえば、文体とは、ある言語を使用する場合の、語彙、構文、文と文のつながりなどに関しての、選択（choice）のあり方、といえると思います。

　たとえば「発見する」は find でも discover でもいいわけですが、find に比べると discover は少しあらたまった感じがあります。また、「たぶん . . . といえるだろう」は You could say that . . . でも It is safe to say that . . . でも表せますが、前者は話し言葉的表現、後者は書き言葉的表現という違いがあります。もしカフェなどでの日常会話で、後者の少しかたい表現を使えば違和感が出てしまい、ちぐはぐな感じになるでしょう。要するに、ことばを使って適切にコミュニケーションを交わすには、単に文法的な正しさだけでなく、その場の状況にふさわしい文体を正しく選択することが非常に重要であるわけです。

　「文法ならば一応修得できそうだけれど、どんな感じなのかという、文体の違いまではちょっとわからない」という声をよく聞きます。実際、この文

体という領域は日本人の英語学習者の大きな盲点のひとつといえます。この盲点克服に役立つ、文体に関するわかりやすい入門書、演習書を書いてみたいというのが本書執筆の動機でした。

　本書をまとめるにあたっては、研究社の杉本義則氏に企画の段階から全般にわたってお力添えをいただきました。この場を借りてあらためてお礼申し上げます。また、英文の校閲も含め、いろいろ貴重なご意見をいただいた福岡国際大学のロバート・ノリス先生にも感謝申し上げます。

　最後に、さまざまの英語表現の実際の使用頻度や使われ方を知る上で、小学館コーパスネットワークを通じて BNC (British National Corpus) を活用させていただいたことを、感謝の気持ちをこめて明記しておきます。

　　2006 年 8 月吉日

　　　　　　　　　　　　　　　　　　　　　　　　　　　富 岡 龍 明

本書の構成と使い方

　本書では文体（style）の問題を以下の4つの領域に分けて演習形式で取り扱います。

1) 日本語が感じられる英文（日本語に引きずられた不自然な英語）
2) かたい表現 vs. やわらかい表現（話し言葉、書き言葉の区別）
3) 簡潔で無駄のない表現（ダラダラした表現になっていないかどうか）
4) 語句や文の自然な配列（語順、文順、均整と調和、論理性などの問題）

　上にあげた4つの領域が、本書の4つのそれぞれの章（Chapter）を構成しています。各章のテーマに沿ってExampleが合計100題あります。ひとつのExampleの構成は以下の通りです。

- **例題**: 日本文と、文体上の問題を含むその英訳例。
- **Comments**: 例題の日本文と英文についての文体上の解説。
- **Improved** または **Alternative**: Improvedは、例題にあげた英文の文体上の問題点を改善したもの。Alternativeは、例題にあげた英文は不自然ではないが、より英語らしい文体に直したもの。
- **実践演習**: Exampleのトピックに沿った、各種演習問題。模範解答は巻末。

　本書の特徴のひとつは、「英文のスタイル小事典」的な構成になっている点です。そのため、いわゆる学習積み上げ方式で最初から読み始める、という必要はありません。実際的にはどこから読み始めてもかまいません。目次と巻末の索引を使って、自分が読みたいところを読むことができます。

　文法と比べると、文体は微妙な問題が多いのですが、本書を活用されることでひとりでも多くの方が、英語文体の基礎的な知識を習得され、文体の重要性を認識されるならば、本書の目的は達したといえると思います。読者のみなさんのご健闘をお祈りします。

〈本書での記号等の使い方〉

- ［　］は、［　］内の語句が、前の語句と入れ替え可能であることを示します。

  例: You're a great [an excellent] singer.
  　　= You're a great singer./You're an excellent singer.

- BNC は British National Corpus（ブリティッシュ・ナショナル・コーパス）の略語です。British National Corpus は、現代イギリス英語のデータベースです。

CONTENTS

はしがき *iii*

Chapter 1　日本語が感じられる英文　　*1*

Example 1　繰り返しを避けるための省略（1）　*3*
Example 2　繰り返しを避けるための省略（2）　*4*
Example 3　繰り返しを避けるための省略（3）　*5*
Example 4　代用表現の one を効果的に使う　*6*
Example 5　英語の「人間中心表現」（1）　*7*
Example 6　英語の「人間中心表現」（2）　*8*
Example 7　英語の「人間中心表現」（3）　*9*
Example 8　英語の「人間中心表現」（4）　*10*
Example 9　Ten years have passed . . . はどう響く？　*11*
Example 10　make を使った無生物主語構文　*12*
Example 11　enable を使った無生物主語構文　*13*
Example 12　help を使った無生物主語構文　*14*
Example 13　allow を使った無生物主語構文　*15*
Example 14　show を使った無生物主語構文　*16*
Example 15　「なる」をどう英語にするか（1）　*17*
Example 16　「なる」をどう英語にするか（2）　*19*
Example 17　英語は受動態を嫌う　*20*
Example 18　受動態が使われる場合　*21*
Example 19　英語は結論が先で枝葉は後　*22*
Example 20　前に来る要素　*24*
Example 21　「～さ」にあたる英語　*25*
Example 22　「気持ち」「状況・様子」をどう英訳するか　*26*
Example 23　not の位置　*27*

Example 24 「もの」中心の英語と「こと」中心の日本語 (1) *28*
Example 25 「もの」中心の英語と「こと」中心の日本語 (2) *29*
Example 26 「もの」中心の英語と「こと」中心の日本語 (3) *31*
Example 27 「もの」中心の英語と「こと」中心の日本語 (4) *32*
Example 28 such の使い方 *34*
Example 29 仮定法の使い方 *35*

Chapter 2　かたい表現 vs. やわらかい表現　*37*

Example 30 It is said that... はどう響く？ *39*
Example 31 People say that... はどう響く？ *40*
Example 32 It is not too much to say that... はどう響く？ *41*
Example 33 not only 〜 but also... はどう響く？ *42*
Example 34 As is (often) the case with... はどう響く？ *43*
Example 35 make it a rule to do がふさわしい状況は？ *44*
Example 36 Not until の倒置構文の使い方 *45*
Example 37 理由を表す接続詞の for *47*
Example 38 分詞構文がよく使われる状況は？ *48*
Example 39 分詞構文を効果的に使う *50*
Example 40 主語と be 動詞が省略される場合 *51*
Example 41 in my school days はどう響く？ *52*
Example 42 予定を表す現在時制 *53*
Example 43 主語には to 不定詞か 〜ing か *54*
Example 44 as if 節の時制 *55*
Example 45 so と such の使い分け *56*
Example 46 but と however の使い分け *57*
Example 47 had better の使い方 *58*
Example 48 抽象名詞の使い方 *59*
Example 49 but の次の同一主語は省略すべきか *60*
Example 50 短縮形と文体 (1) *62*
Example 51 短縮形と文体 (2) *63*
Example 52 倒置を使った仮定法 *64*

Example 53　未来完了の使い方　*65*
Example 54　the way の使い方　*66*
Example 55　スタイルの混交（1）　*67*
Example 56　スタイルの混交（2）　*68*
Example 57　スタイルの混交（3）　*69*

Chapter 3　簡潔で無駄のない表現　*71*

Example 58　The number of 〜 と More and more 〜　*73*
Example 59　There 構文の使い方　*74*
Example 60　仮主語 It の構文　*75*
Example 61　文修飾副詞の使い方　*77*
Example 62　名詞のあとに置かれる分詞　*78*
Example 63　名詞のあとに置かれる形容詞　*79*
Example 64　関係詞を適切に省略する　*80*
Example 65　不定詞句の代わりに前置詞句を使う　*81*
Example 66　that 節の代わりに不定詞構文を使う　*82*
Example 67　関係代名詞節を前置詞句で表す　*83*
Example 68　関係代名詞節を不定詞句で表す　*84*
Example 69　関係副詞節を不定詞句で表す　*85*
Example 70　関係代名詞節を「形容詞＋名詞」で表す　*86*
Example 71　how to do を効果的に使う　*87*
Example 72　too . . . to 〜 を効果的に使う　*88*
Example 73　無生物主語構文の簡潔さ　*89*
Example 74　the fact that . . . の使い方　*90*
Example 75　few を効果的に使う　*91*
Example 76　little を効果的に使う　*92*
Example 77　one of 〜 の使い方　*93*
Example 78　if を使わない条件・仮定の表し方　*95*

Chapter 4　語句や文の自然な配列　　　　　　　　　　　　97

Example 79　受身文での by 〜 の位置　*99*
Example 80　at least の位置　*100*
Example 81　from 〜 の位置 (1)　*101*
Example 82　from 〜 の位置 (2)　*102*
Example 83　時を表す副詞をどこに置くか (1)　*103*
Example 84　時を表す副詞をどこに置くか (2)　*104*
Example 85　時を表す副詞をどこに置くか (3)　*105*
Example 86　時を表す副詞をどこに置くか (4)　*106*
Example 87　時を表す副詞をどこに置くか (5)　*107*
Example 88　時を表す副詞をどこに置くか (6)　*108*
Example 89　however の位置　*109*
Example 90　単文の並列を避ける　*111*
Example 91　従属節の主語の扱い方　*112*
Example 92　同一語句の反復　*113*
Example 93　文と文のつながりの自然さ　*115*
Example 94　従属接続詞の使いすぎ　*116*
Example 95　語句の並列　*118*
Example 96　コンマ、ピリオド、セミコロン、コロン　*119*
Example 97　文意の明確さとコンマ、ピリオド　*121*
Example 98　関係詞を省略するかしないか　*123*
Example 99　抽象から具体へ　*125*
Example 100　構文のバラエティ　*127*

Model Answers　　　　　　　　　　　　　　　　　　　*129*

参考文献　*176*
索　　引　*177*

Chapter ①

日本語が感じられる英文

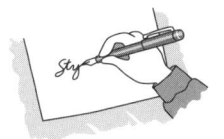

日本人英語学習者は、日本語を母語としているわけですから、人によって程度の差はありますが、日本語の発想、表現のパターンで英語を書いたり、話したりしがちです。たとえば、「ここはどこ？」にあたる英語は、うっかりすると "Where is this?" といってしまいそうですが、英語では "Where am I?" となります。この英語表現には、英語の human-centered（人間中心主義）的な要素が現れていて、「自分」というものが視点の中心になっています。それに対して日本語表現のほうは、「自分」つまり人間中心の視点というものはなく、自分の所在を含めた場所全体に視点が置かれています。

　別の例としては、日本語では、「私はイギリスに留学したいと思っています」などのように、「思う」という動詞表現が多用されるせいで、これを英語にさせると、I think I want to study in Britain. などと表現してしまいがちです。英語の want という動詞自体が「～したいと思う」という意味があるので、think と want を組み合わせるのは英語としては不自然です。

　この章では、日本人の書く英語の中で、日本語の影響が感じられる表現を取り扱います。最初にセンテンス単位のもの、ついでセンテンスとセンテンスのつながり方に関するもの、という手順で話を進めていきます。

Example 1 繰り返しを避けるための省略（1）

- 「この小川は跳べません」「いいや、跳べるよ」
- "I can't jump across this stream." "Of course you can *jump across it.*"

Comments

　英語と日本語はさまざまの面で異なりますが、大きな違いのひとつは、**英語は同一表現の繰り返しを避けるために省略をする場合が結構ある**、という点です。**日本語は、英語に比べて同一表現の反復に比較的寛容**なので（例：「昨日も会議、今日も会議、明日も会議か、まったく会議だらけだ最近は」）、日本人学習者は英文を書くときも、日本語の習慣に引きずられて、つい同語反復をやってしまう傾向があります。例題の英文は、日本語の同語反復的な影響が典型的に現れている例です。

Improved

　"I can't jump across this stream." "Of course you can."

実践演習

省略を念頭に置いて、次のイタリックの部分を自然な英文に直しなさい。
(Model Answers は p. 130)

1. "Do I need to finish this essay by tomorrow?" *"No, you don't need to do that."*
2. "Can I use your car?" *"Yes, you can use it."*
3. "Do I have to wear a suit at the ceremony?" *"No, you don't have to do that."*

Example 2　繰り返しを避けるための省略 (2)

- この過程はパートAとパートB、その過程はパートCとパートDから成っている。
- This process consists of part A and part B, and that process *consists of* part C and part D.

Comments

Example 1 では一般動詞の省略を見てきましたが、ここでは、共通動詞句の省略の例を扱います。**英語ならば省略するところでも、日本語では省略せずに同一語句を繰り返すことが多いので、例題の日本文は別に不自然ではありません。**しかしここでの英文は日本語の直訳的な同語反復になってしまっています。ここでは後半の consists of を省略すれば、英語として自然な表現になります。

Improved

This process consists of part A and part B, and that process part C and part D.

実践演習

省略を念頭に置いて、次の日本文を自然な英文に直しなさい。(Model Answers は p. 130)

1. Sinclair 博士はケンブリッジ大学の出身で、Russell 博士はオックスフォード大学の出身です。
2. 山田教授の論文は英語のイディオムを扱っており、岡田教授の論文は日本語の敬語 (honorific expressions) を扱っている。
3. 田中先生は A 組の担任で、鈴木先生は B 組の担任です。

Example 3 繰り返しを避けるための省略 (3)

- 「おなかすきましたか」「いいえ、すいていません」
- "Are you hungry?" "No, I'm not *hungry*."

Comments

ここでは、補語の省略の例を扱います。**補語に関しても、英語ならば省略するところでも日本語ならば省略しないことが多い**ので、例題の日本文は別に不自然ではありません。しかし英文は日本語の直訳的な同語反復になってしまっています。

Improved

"Are you hungry?" "No, I'm not."

実践演習

省略を念頭に置いて、次のイタリックの部分を自然な英文に直しなさい。
（Model Answers は p. 130）

1. "Excuse me, but are you Mr. Jones?" "*Yes, I'm Mr. Jones.*"
2. "Are you hungry?" "*No, I'm not very hungry.*"
3. "Is John ill?" "*Yes, he is ill.*"

Example 4 代用表現の one を効果的に使う

- 盲導犬はなかなか手に入らないことはわかっていますが、私には盲導犬が必要なのです。
- I know guide dogs are not easily available, but I need *a guide dog*.

Comments

英語の代用表現の中で、one はなかなかうまく使えないもののひとつです。同じ one の用法でも、割合正しく使えるのは、「～の中のひとつ」（例: one of the biggest problems is ...）などのように数詞的に感じられるものです（Example 77 参照）。これは比較的習得度が高いようですが、数詞的に響かない、純粋に代名詞的な one は日本人学習者が苦手とするところです。

Improved

I know guide dogs are not easily available, but I need *one*.

実践演習

代用表現を念頭に置いて、次の日本文を自然な英文に直しなさい。
(Model Answers は p. 131)

1. あなたが欲しいのは日本車ですか、それとも外車ですか。
2. その T シャツ 2 枚のうち、私はブルーのが欲しい。
3. 来月から 3D カーナビが発売されるらしいが、買いたいものだ。

Example 5　英語の「人間中心表現」(1)

- 私のいうことを聞きなさい。
- Listen to *what I say*.

Comments

日本語では「こと」がよく使われます。(例:「彼のこと好き？」「君のいうことはちょっとおかしいよ」「私は、あなたのことは信用していますよ」等々)

それに対して、**英語では、日本語だったら「〜のこと」といわなければ自然な表現にならないところでも、you, me, him などの単なる人称表現などですます場合が結構あります**。

Improved

Listen to *me*.

実践演習

「英語の人間中心表現」ということを念頭に置いて、次の日本文を自然な英文に直しなさい。(Model Answers は p. 131)

1. ご両親のいうことに耳を傾けなさい。
2. あなたがおっしゃることは理にかなっています。
3. あなたが今いったことはちょっと信じられません。

Example 6 　英語の「人間中心表現」(2)

- 私の英語はロビンソン先生に直してもらいました。
- *My English was corrected* by Mr. Robinson.

Comments

上記の英文の主語は My English という「もの」であって、人ではありません。「私」自身が主語として立てられておらず、立てられているのは My English という対象物であり、それが修正された、といっているわけです。

　例題の日本語の場合、「私は」「僕は」などを主語として文頭に置くことはできますが、むしろそれらがないほうが、日常日本語的な感じがよく出ます。その自然な日本文を英文に直訳したのが例題の英文である、ともいえます。この英文はもちろん文法的には何の問題もない正しい英文ですが、**英語では、ここでの英文のように「もの主語的」表現と並んで、I や you などの人称主語を立てて、人が主体的に物事に働きかけるような形で、「人間中心」に物事を表すような構文がよく用いられます。**以下を見てください。

Improved

I had [got] my English corrected by Mr. Robinson.

実践演習

次の日本文を自然な英文に直しなさい。(Model Answers は p. 132)
1. 数日前に携帯を修理してもらいました。
2. きのう車にテレビを取りつけました。
3. おなかが痛いんです。

Example 7 英語の「人間中心表現」(3)

- そのバイトは精神的な面でプラスになった。
- That part-time job was mentally rewarding.

Comments

Example 6 と同様、例題では英文も日本文も、バイトという事柄が主語になっています。上記の日本文の場合、「そのバイトは」というふうに、事柄を文の主語として文章が始まっていて、ごく自然な日本語表現といえますが、**この英文をもう少し英語らしい表現にするには、物事に対する印象や価値判断を表すのによく用いられる動詞 find を使い、表されている内容が人間が主体的に体験した事柄であることを明示するような人称主語構文が妥当です。**

Improved

I found that part-time job mentally rewarding.

実践演習

次の日本文を自然な英文に直しなさい。(Model Answers は p. 132)

1. その映画はものすごく退屈でした。
2. 今回のロンドンへの旅はとても感動的でした。
3. 英語の試験はかなりきつかった。

Example 8　英語の「人間中心表現」(4)

- あの学食はひどい味だ。
- Terrible food is served at the cafeteria.

Comments

ここでも、日本文では「あの学食」、英文では 'Terrible food' がそれぞれ文の主語として使われていて、人間がどこにも登場していません。確かに人間はどこにも登場していませんが、日本文のほうは、このままでごく自然な印象があります。それに対して、英文のほうは文法的には別に問題はありませんが、**ここで使われているような受動態はややかための表現であり、もっと一般的には、以下に示すように、漠然と、「そこにかかわる人々」という意味での They を主語とする、人間中心的な能動文がより自然です。** 以下の英文に見られるような they の用法は、日本人学習者にとってはなかなかなじめない用法のひとつです。

Improved

They serve terrible food at the cafeteria.

実践演習

次の日本文を自然な英文に直しなさい。(Model Answers は p. 133)
1. その店では中古のパソコンを売っています。
2. 病院ではとても親切にしていただきました。
3. ニュージーランドでは英語が話されています。

Example 9　Ten years have passed ... はどう響く？

- 私が英語の教師になって 20 年がたちました。
- *Twenty years have passed* since I became an English teacher.

Comments

　日本語では、「～して以来 10 年の歳月がたちました」などの言い方をします。確かに英語でも時間が過ぎ去るという意味で、Years have passed などの表現は可能ですが、それらにあたる日本語は、「歳月が流れた」などのやや文語的なニュアンスがぴったりかもしれません。英語のこのような pass の使い方は、本来人や乗り物が通り過ぎていく（pass）というところに時間、歳月をあてはめた、比喩的、擬人法的用法で多少文学的なニュアンスがあります。そういうわけで、例題の英文はあまり、日常的、一般的とはいえません。

Improved

a. I've been teaching English for twenty years.
b. It's [It's been] twenty years since I started to teach English.

実践演習

次の日本文を自然な英文に直しなさい。（Model Answers は p. 134）

1. 父が亡くなって 30 年以上たちました。
2. 私は日本に来て 10 年になります。
3. 人類の黎明（dawn）以来 500 万年余の歳月を経た。

Example 10　make を使った無生物主語構文

- どうしてあなたはそんなふうに考えるのですか。
- Why do you think so?

Comments

　日本の英語教育では、英語の構文の種類としていわゆる「無生物主語構文」、「物主構文」という言い方で、たとえば My illness prevented me from attending the meeting. (病気が、私が会議に出席することを妨げた[病気のため会議に出席できなかった])などの構文を典型例としてあげることが多いです。しかし、**英語を母語とするネイティブスピーカーの観点からは、「無生物主語構文」「物主構文」などの呼び名については、そのコンセプト(なぜそんな特別な構文であるかのような呼び名を使うのかの根拠)がよくわからないようです。なぜならば、英語では、日本語でいう「無生物」を主語とした構文はごく普通で、取り立ててそれに名前をつけて分類する、ということをしないからです。**日本語には英語のように「無生物主語」を主語にして文を構成する言語文化がないため、英語の「無生物主語構文」は特殊なものに見え、その結果そういう名前で呼ぶようになったのではないかと思われます。例題の "Why do you think so?" は英文として別に不自然ではありませんが、日本語から見てより英語らしい構文として次にあげる例を見てください。

Alternative

What makes you think so?

> **実践演習**

次の人称主語構文を動詞 make を使って、無生物主語構文に書き換えなさい。(Model Answers は p. 134)
1. Why are you so happy?
2. From the way he talked, I thought he was telling a lie.
3. Matsuda is different from his colleagues in that he has been outside Japan. (Matsuda's experience abroad を主語にして)

Example 11　enable を使った無生物主語構文

- このeラーニングシステムを使うと英語力がアップします。
- If you use this e-learning system, you will be able to improve your English.

Comments

Example 10 では、動詞 make を使った無生物主語構文を扱いましたが、ここでは make と並んで、無生物主語構文を作る際によく使われる enable を取り上げます。**無生物主語構文は、ダラダラ感の少ない、引き締まった表現になるという文体効果がその特徴のひとつです。**英文を書くときには必要に応じて使えるようになりたい構文です。例題の英文では 14 words になっていますが、Alternative では 10 words となり、4 words 減って簡潔な文になっている点に注目してください(簡略なスタイルについては Chapter 3 を参照してください)。

Alternative

This e-learning system will enable you to improve your English.
　［注］This e-learning system will improve your English. とも言えます。

13

> 実践演習

次の人称主語構文を動詞 enable を使って、無生物主語構文に書き換えなさい。(Model Answers は p. 135)
1. If you exercise every day, you will be able to stay healthy.
2. If you are in good health, you will be able to enjoy this long journey.
3. I knew the language spoken there, so I made friends with the locals very quickly.

Example 12　help を使った無生物主語構文

- 昼食後仮眠を取れば、夕方、気分がよくなります。
- If you take a nap after lunch, you will feel better in the evening.

Comments

Example 11 では動詞 enable を使った無生物主語構文を扱いましたが、ここでは enable と似たような意味で使われる help に焦点を当てることにします。無生物主語構文の定番動詞のひとつである enable の意味が「〜を可能にする」であるのに対し、同じく定番動詞のひとつである help は「〜するのを助ける」「〜するのに役立つ」などの意味になります。

Alternative

A nap after lunch will help you (to) feel better in the evening.

> 実践演習

次の人称主語構文を動詞 help を使って、無生物主語構文に書き換えなさい。(Model Answers は p. 135)
1. Take this medicine, and you will live long.
2. Use this Japanese-English dictionary, and you will learn how to write good English.
3. If you have a look at this chart, you will be able to choose the books you should read.

Example 13 allow を使った無生物主語構文

- 体調が悪いのでお酒は飲めません。
- I can't drink because I'm in poor health.

Comments

無生物主語構文でよく使われる動詞のひとつが allow です。「～を許可する」「～を認める」「～の状態を生み出す」「～をなすがままにする」という意味合いがあり、その点で enable や help とは微妙に使われ方が異なります。

Alternative

My poor health doesn't allow me to drink.
　[注] ここでは私の健康状態が私に飲酒を許さない、というニュアンスがあるので enable や help は不適当です。

> 実践演習

次の人称主語構文を動詞 allow を使って、無生物主語構文に書き換えなさい。(Model Answers は p. 136)

1. I have poor eyesight, and that's why I can't drive.
2. Our financial situation is awful, so employing a new teacher is out of the question.
3. They don't trust each other, so they won't be able to work in a cooperative way.

Example 14　show を使った無生物主語構文

- 世界史を見ると、人間がどれほど頻繁に戦争してきたかがわかる。
- If you look at world history, you will realize how often people have waged war.

Comments

動詞 show も無生物主語構文の定番動詞のひとつです。「~をはっきり示す」「~であることがわかる」などの意味で使われます。この動詞も、使い方で簡潔で無駄のない文体を生むのに効果があります。例題の英文では 15 words になっていますが、Alternative では 9 words となり、6 words 減って無駄をそぎ落とした、簡潔な文になっている点に注目してください。

Alternative

World history shows how often people have waged war.

実践演習

次の英文を動詞 show を使って、無生物主語構文に書き換えなさい。
（Model Answers は p. 136）

1. According to the survey, six out of ten Japanese like Americans and the American way of life.
2. If you look at Government figures, you will see that there has been a drastic increase in the number of juvenile crimes in the last decade.
3. If you read the report, you will realize how many teenagers are addicted to drugs.

Example 15 「なる」をどう英語にするか (1)

- あの空き地は先月競輪場になりました。
- That vacant lot became a bicycle race track last month.

Comments

日本語では「なる」はとても重要な動詞で、表現のいたるところに顔を出します。「話せるようになる」「行くことになっています」「お見えになりました」「この電車は 8 時 15 分の出発になります」などあげればキリがありません。ただ、**ときおり「なる」は厄介で、ほんとうは「誰が、何を、どうした」といった因果関係が明瞭に存在するはずの状況を、あたかもそれが自然発生的に、そこはかとなく発生したかのような印象を与えがちです**（この点については拙著『論理思考を鍛える英文ライティング』（研究社）を参照してください）。ある意味で「なる」は物事をあまりくっきりはっきり表現するのを好まない日本人のこころにピッタリの動詞句かもしれません。

例題の英文は、印象としては空き地が自発的にあるいは自然発生的に競輪場になったような感じで、英語としてはしっくりしない表現です。空き地を競輪場にしたのは当然その空き地の所有者の意図的な働きかけがあってのことで、そこには明瞭な因果関係が存在します。それでは、例題の日本文はどういう英語になるのでしょうか。下を見てください。

Improved

　That vacant lot was turned [changed] into a bicycle race track last month.

　　［注］この受動態は当然 by 以下の動作主を想起させます。しかしここでは誰によってという特定の情報は入れる必要がないので、by 以下は書く必要がありません。

実践演習

　次の日本文を自然な英語に直しなさい。(Model Answers は p. 137)

1. 数年後、Jenny は日本文化にいっそう興味を持つようになりました。
2. この公園は来年テーマパークになります。
3. 私は今月いっぱいでこの仕事から離れることになりました。
　（自分の意思でやめる場合とリストラされる場合の 2 通り考えること）

Example 16 「なる」をどう英語にするか (2)

日本語が感じられる英文

- 自分が職場で孤立していることに気がつくようになりました。
- I've come to realize that no one at work is friendly to me.

Comments

日本語の「なる」は基本的には状態の変化を表します。「わかるようになりました」というと、わからない状態からわかる状態に変化したことを意味します。英語の become や come to do も態の変化を表しますから、その意味では日本語の「なる」と共通する意味があるといえます。しかし**英語は、日本語のように状態の変化を重視する「なる」的言語ではなく、どちらかというと、なったあとの状態を重視する「である」言語的な特徴があります**。そういうわけで、英語でものを表現するときに、あまり become や come to do を使わないほうが、より英語らしい表現になることが多いわけです。例題の英文は別に間違いではありませんが、come to を使わないほうがもっと自然な表現になります。

Improved

I realize [have realized] that no one at work is friendly to me.

［注］動詞 realize 自体が become aware ということで、「わかるようになった」という意味があります。

実践演習

次の日本文を自然な英語に直しなさい。(Model Answers は p. 137)
1. 私は今年で 55 歳になりました。
2. 娘は最近クラシック音楽に興味を持つようになりました。
3. このマンションも最近は 4 人家族には手狭になったように感じる。

Example 17　英語は受動態を嫌う

- 私は医者から酒をやめるようにいわれた。
- I was told to stop drinking *by my doctor*.

Comments

　日本語では、「～される」「～してもらう」などの受身的表現が多く使われます。いかにも日本語的受身表現の典型としては、「お隣のおばあちゃん、ペットに死なれてだいぶまいっているみたいです」のような例をあげることができます。「ペットに死なれた」は英語に直訳できない、一種の被害者意識がこめられた日本語独特の表現といえます。そういった**受身表現を好む日本語に対して、英語は非常に能動表現を好む言語といえます**。これは何か英語国民の民族性と関係があるのかもしれません。そういうわけで、一般に日本語の受身的表現はそのまま英語にせず、「～が...をする」のような能動的な表現にするほうが、より自然な英語になることが多いです。

Improved

My doctor told me to stop drinking.

　［注］例題の英文では文末に by my doctor が置かれていますが、その位置だと by の意味が変化して、医者のそばで酒を飲む、という意味にもとれます。
　（Example 79 参照）

実践演習

　次の日本文を自然な英語に直しなさい。（Model Answers は p. 138）
1. きのう外人から英語で話しかけられた。
2. もっと一生懸命勉強しなさいと母からいわれた。
3. きのう、お父さんから帰宅が遅い（stay out late at night）といってしかられた。

Example 18 受動態が使われる場合

- 願書には詳細な履歴書と出版物一覧が必要。それらを下記のあて先に送付のこと。
- Applications should consist of a full curriculum vitae and a list of publications. *Applicants should send them* to the following address.

Comments

Example 17 では、一般的に日本語の受身は英語では能動態で表すほうが自然なことが多い、といいましたが、**逆に日本語では能動態のように感じられる文が、英語では受身で表さないと自然に響かない、というケースがあります。これは国民性などの文化的問題ではなく、言語の構造に関する問題になります。**もっと具体的には、文と文の結合の問題といえます。要は、文と文のつながり、受け答えが自然でなめらかになっているかどうかの問題と考えてもらえばいいでしょう。例題の英文を見ると、最初のセンテンスは a full curriculum vitae and a list of publications. で終わっています。ところが 2 番目のセンテンスは、前のセンテンスの最後の部分を直接には受けず、Applicants という別の言葉で始まっていて、a full curriculum vitae and a list of publications を受ける代名詞の them はしばらくあとに出てきています。これは情報の自然な流れ、受け答えの観点からは、なめらかさに欠けてぎこちない感じがします。そこで、最初のセンテンスと 2 番目のセンテンスのつながりをより自然なものにするには、以下のようにすればよくなります。

Improved

Applications should consist of a full curriculum vitae and a list of publications. *These should be sent* to the following address.

[注] ここでは、2番目のセンテンスの冒頭が These となっていて、これが前のセンテンスの a full curriculum vitae and a list of publications をすぐに受けているので、2つのセンテンスのつながりがなめらかになっている点に注目してください。

実践演習

会話の流れに注意して、次の日本文を自然な英語に直しなさい。(Model Answers は p. 138)
1. 「その男はどうなったの？」「警察が病院に連れて行ったよ」
2. 「その鯨はどうなったの？」「結局、水族館行きになったよ」
3. 「うちの会社は倒産するかもしれないよ」「財務省 (Ministry of Finance) が支援するよ」

Example 19　英語は結論が先で枝葉は後

- マークはいつも自分の仕事や友達の不満ばかり口にしている。あいつにはもう愛想がつきた。
- Mark is always complaining about his job and friends. I'm fed up with him.

Comments

日本語での情報の出し方は、最初に割合具体的なことがきて、最後にしめくくりのような結論めいた内容がくることが多いですが、**英語では、「抽象から具体へ」という流れが文章構成の原則です**。そういうわけで、英文を書くときは最初に結論的な内容を置き、そのあとでその結論に至った理由など、具体的な内容がくる、という情報の流れを常に守るように気をつける必要があります。その点でいうと例題の日本文は、「枝葉から結論へ」という、ごく普通の日本語の感じですが、英文のほうは、むしろ1番目と2番目の

センテンスを入れ換えたほうが、「結論から枝葉へ」という英文のノーマルな構成になります。

Improved

I'm fed up with Mark. He is always complaining about his job and friends.

実践演習

次の日本文を自然な英語に直しなさい。(Model Answers は p. 139)

1. 淳平は感じがよくて、思いやりのある若者で、人のために何ができるかをいつも考えているタイプなので、まわりから好かれている。
2. 最近、よく風邪を引くし、夜なかなか寝つけない。どうも体調が思わしくない。
3. うちの上司はいつも誰かをしかりとばしてばかりいるし、いろんなことに不満ばかりいっている。どうしようもない感じだよ。

Example 20　前に来る要素

- そのハリケーンのために 800 人以上が犠牲になったということで、それを聞いて大変な衝撃を受けた。
- The hurricane killed more than eight hundred people, *and I was terribly shocked to hear that.*

Comments

英語と日本語は、語順、文順が異なることが多いことはよく知られています。上記の日本語は、「A ということを聞いて B だ」という構造で、A が発生した事実、B がそれについてのコメントという構造になっています。日本語としてはこの構造はごく自然なのですが、英文ではむしろ両者を逆にしたほうがノーマルな構文になります。例題の英文は、文構造の観点からは日本語的な感じがします。

Improved

I was terribly shocked to hear that the hurricane killed more than eight hundred people.

実践演習

次の日本文を文順に気をつけて、自然な英語に直しなさい。(Model Answers は p. 140)

1. 息子が突然ひとり暮らしをしたいといい出したので驚いた。
2. きのうの会議には 3 人しか出席しなかったのにはがっかりだった。
3. 新しい仕事が見つかって本当によかったですね。

Example 21 「〜さ」にあたる英語

- 私はホストファミリーのわんぱくたちにやさしく接することのむずかしさがわかった。
- I realized the *difficulty* of being nice and friendly to the naughty kids in my host family.

Comments

日本語では「〜のむずかしさ」「〜のつらさ」「〜のおもしろさ」などのように「さ」で名詞表現を作る場合が多く見られます。**それに対応する英語としてはそのまま名詞表現で表すよりも、たとえば、「how + 形容詞・副詞」を用い、「いかに・どれほど〜か」という表し方のほうがより一般的です。**ここで difficulty というやや重い感じの抽象名詞を避けて、difficult という形で形容詞として使うことで、かための表現がやわらかなものに変わります (Example 48 参照)。

Improved

I realized *how difficult it was* to be nice and friendly to the naughty kids in my host family.

実践演習

次の日本文を自然な英語に直しなさい。(Model Answers は p. 140)
1. 最近英語の勉強のおもしろさがわかってきた。
2. 従業員を次から次にリストラするつらさがわかりますか。
3. 人物を正しく評価することのむずかしさを最近知るようになった。

Example 22 「気持ち」「状況・様子」をどう英訳するか

- 久保田先生は、ベテラン教師ですから、日本人の学生がホームステイするときの状況をよく知っています。
- Mr. Kubota, who is an experienced teacher, knows a lot about *the condition in which* Japanese students stay with families abroad.

Comments

日本語の「気持ち」「状況」「様子」などの名詞表現は、英語ではむしろそのまま名詞表現で表さないほうが、より自然な英語になることがあります。ここでは、what X is like（X がどんなものか、どんな気持ちか）という表現で、「気持ち」「状況」「様子」の意味を大体カバーできる、ということを見てください。

Improved

Mr. Kubota, who is an experienced teacher, knows a lot about *what it is like* for Japanese students to stay with families abroad.

実践演習

次の日本文を what X is like の構文を適切に使って自然な英語に直しなさい。(Model Answers は p. 141)
1. 夜、山の中でひとりぼっちの気分がどんなものかわかりますか。
2. 恐竜に襲われたときの気持ちというのはどんなだろう。
3. 明日の東京の天気（の様子）について教えてください。

Example 23　not の位置

- 私はアメリカ軍が沖縄から撤退することはないと思う。
- I *think* the U.S. troops *aren't* going to withdraw from Okinawa.

Comments

　日本文では「～はないと思う」となっていて、これはこれで自然な日本語だといえます。ここでの英文は、否定辞 not のかかり方から見ると、日本文の直訳的な構造をしていますが、英文として文法的に誤りというわけではありません。しかし、**一般的な話し言葉では、think, believe, suppose, imagine, guess** などの「推測」を表す動詞の場合、**I don't think ...** や **I don't believe ...** のように、**not** を推測動詞自体にかけて表現するのが一般的です。

　なぜそういうふうに not を前に出すのかの理由としてひとつ考えられるのは、表現としての当たりのやわらかさでしょう。日本語でも、「X ではないと思う」と「X であるとは思わない」を比べると、前者は「X ではない」という部分がちょっときつく響くのに対して、後者はその辺が少しぼかされて響きがやわらかくなっています。同じことが英文の構成にもあてはまるわけです。

Improved

　I *don't* think the U.S. troops *are* going to withdraw from Okinawa.

日本語が感じられる英文

> **実践演習**

次の日本文を否定辞の位置に注意しながら、普通の話し言葉的な英語に直しなさい。(Model Answers は p. 142)
1. 私は John はうそつきじゃないと思います。(think を使う)
2. うちの息子は私からは多くのものを学ばなかったと思う。(believe を使う)
3. 私は日本人は昔ほど勤勉でなくなったと思います。

Example 24 「もの」中心の英語と「こと」中心の日本語 (1)

- あなたは歌がうまい。
- You sing very well.

Comments

英語と日本語の違いのひとつとして、名詞の使われ方をあげることができます。たとえば日本語では「交渉人」「料理人」「話し手」「聞き手」「ものを書く人」などの表現は、あることはありますが、それほど一般的ではありません。しかし英語では、John is an excellent negotiator. (John は交渉ごととなると実にうまい) とか Ted is a good writer. (Ted は文章が上手だ) などのように、文の中で、ちょっとそのまま日本語に直訳できそうもない名詞表現(主として、-er, -or, -ist などの語尾で終わる人称表現)を使った構文はごく普通です。

Improved

You're a great [an excellent] *singer*.

[注] ここでの singer は必ずしも職業としての歌手という意味ではない点に注意してください。

> 実践演習

次の日本文を自然な英文に直しなさい。（Model Answers は p. 142）
1. 君の運転は実にひどいもんだ。
2. Lucy は心から音楽を愛した人でした。
3. あなたの研究はまったくでたらめだ。

Example 25 「もの」中心の英語と「こと」中心の日本語 (2)

- その地域での軍事的な緊張が増大してきているため、その地域へのさらなる派兵を政府が検討すべきであるとの提案がなされた。
- *Because the military tension has increased in that area*, it is suggested that the government should consider sending more troops there.

Comments

例題の日本文はそれ自体、ごく自然な文章で何の問題もありません。「～が増大してきている」という、「主語＋述語」の日本文の構造はごく一般的なものです。英文のほうも、それ自体は別に不自然でもなく問題はありませんが、'**Because ＋ 副詞節**' の代わりに前置詞 **with** で文を始めると、**with** の次の名詞句が構文上の中心となり、一種の名詞中心構文ができます。日本語の「～が...である」式の叙述型構文から見ると、英語らしい構文といえます。

Alternative

With the increasing military tension in that area [*With the military tension increasing in that area*], it is suggested that the government should consider sending more troops there.

[注] この with 構文は、一般に書き言葉で使われる文体です。この種の名詞中心構文はなかなか日本人学習者が使いこなせないもののひとつです。この場合の with は、付帯的な状況・現状に加えてやや理由づけ的な意味合いもあります。日本語でいえば、「〜が...である状況の中で(そういう状況があるため)」というところです。

実践演習

次の日本文の下線部を with 構文で表現する工夫をして、全体を英訳しなさい。(Model Answers は p. 143)

1. 台風の接近に伴い、関東地区の多くの学校が臨時休校となった。
2. 社会不安 (social unrest) が増大していく中で、暴動 (riot) が激増した。
3. 18歳人口 (18-year-olds) が減っていく中で、どの大学も生き残りをかけて必死である。

Example 26 「もの」中心の英語と「こと」中心の日本語 (3)

- 出生率が下がり続けているということが日本経済の衰退の一因となっている。
- *The fact that the birth rate is falling is partly responsible for the decline of the Japanese economy.*

Comments

Example 25 の続きですが、例題の英文もどちらかというと、「こと」中心の日本語的な表現のあり方が反映しているといえます。まず、The fact that the birth rate is falling の部分は、出生率が下がってきているという事実（こと）を表しています。さらに the decline of the Japanese economy という部分は、日本経済の'衰退'という「事柄」を表しています。この英文自体は文法的に問題のない文ですが、もう少し「もの」的な、言い換えれば、**構文的には「形容詞 + 名詞」の形を使うことで、英語的な文章を作ることができます。**

Alternative

A falling birth rate is partly responsible for the declining Japanese economy.

[注] A falling birth rate（下がりつつある出生率）、the declining Japanese economy（衰退しつつある日本経済）というふうに、「もの」的な「形容詞 + 名詞」構造にすることで語数も減ってより簡潔な文体になります。この問題は Example 70 でも簡潔性の表現というテーマで取り扱います。

> 実践演習

次の英文の下線部の「こと」表現的な構造を、「もの」表現的な構造に書き換えなさい。(Model Answers は p. 143)

1. More attention should be paid to <u>the fact that the national debt is growing</u>.
2. If nuclear war broke out, <u>all plants and animals would die</u>.
3. <u>If classes became smaller, teaching would be more efficient.</u>

Example 27 「もの」中心の英語と「こと」中心の日本語 (4)

- 「どうしたんだ？」「小さい男の子が石につまずいて倒れたんですよ」
- "What was that?" "A small boy tripped over a stone and fell down."

Comments

例題の日本文は前半も後半もごく自然な文章構造であり、後半は「〜が...した」という「こと」的な「主語 + 述語」の構造です。それに対応するように、英文のほうもごく一般的な「主語 + 述語」の構造で、「〜が...した」という意味を表しています。しかし、何かの物音が聞こえたときの、"What was that?"（それは何(の物音)だ？）に対するもうひとつの自然な受け答えとしては、前文の that を it で受けて、あとを続けるというやり方があります。以下を参照してください。

Alternative

"What was that?" "It's a small boy who tripped over a stone and fell down."

［注］後半の英文を日本語に直訳すると「それは石につまずいて倒れた小さい男の

子です」となり、明らかに記述の焦点は「小さい男の子」という名詞句が表す「もの」中心の表現になっています。構文的には、who 以下の関係代名詞節は、a small boy を形容詞的に修飾しています。このような、関係詞節を使った英文の構造は、日本語の「こと」中心に対して「もの」中心といえると思います。

実践演習

次の「こと」的な日本文を関係代名詞構文を使って、「もの」的な英文に直しなさい。（Model Answers は p. 143）

1. この国で何百万という人々が AIDS で苦しんでいるということを知っていますか。
2. この町の 10 人の方が今回の脱線事故（derailment）でなくなられたということに対して心からお悔やみ申し上げます。
3. Johnson 博士は核武装（nuclear armament）がわが国にとって重い経済負担になっているという点について話されました。

Example 28 such の使い方

- そんなこといってはいけません。
- You shouldn't say *such a thing*.

Comments

日本語では「そんなこと」「あんな人」「こんなもの」などのように、直接的に「それ」「あれ」「これ」と指し示すのではなく、「それ」も含めた、もう少し幅の広い類型的なものを漠然とさすようなものの言い方が一般的です。このような言葉づかいの習慣の中で、多くの日本人学習者の頭の中では英語の such が「そんな」「あんな」「こんな」という日本語としっかり結びついているので、多くの人が、英語を書いたりしゃべったりするときに such を多用しがちになります。このことは Chapter 2 で扱うスピーチ・レベルの問題でもありますが、一般にそのような用法での such はややかための表現に属します。話し言葉の日常的な文脈では such a thing の代わりに、this, that, things like that などがより一般的です。

Improved

You shouldn't say *that* [*things like that*].

実践演習

次の日本文を自然な英文に直しなさい。(Model Answers は p. 144)
1. あんな男とつきあうのはやめなさい。
2. 私はそんな映画はきらいです。
3. よくもそんなひどいことがいえるね。

Example 29 仮定法の使い方

- もし海外からの石油の供給が100パーセントストップしたら日本経済は麻痺してしまうでしょう。
- If the oil supply from abroad *is* completely stopped, the Japanese economy *will* be crippled.

Comments

日本語では、実現可能性の低い事柄を表現するときに、動詞の時制を過去にするといった文法的操作をしません。しかし英語では単なる条件文(例: *If he is a good proofreader*, we'll have him check this English. (もし彼が文章の校正のうまい人物なら、この英文をチェックしてもらおう))の場合と異なり、現実に反する事柄や、将来実現する可能性が低い、仮定的、架空的事柄の場合、同じ if 節でも、動詞(助動詞)の時制を過去で表すことによって、単なる条件文ではないことを表すのが普通です。

If he is a good proofreader, we'll have him check this English. についてもう少し説明すると、この文は「彼が文章の校正のうまい人物なら」という条件を単に述べているだけであり、実際にはその可能性が低いとか、それは反現実であるなどといったメッセージは込められていません。この文はその意味では「もし～ならば」の部分の可能性の度合いについては、いわば無色透明ということができます。しかしこの文を If he were a good proofreader, we'd have him check this English. とすると、ニュアンスが変わってきます。この場合、動詞(助動詞)を過去にすることで仮定法になっているので、「(現実として)彼は校正が下手だから頼めない」という言外のメッセージがこめられているのです。

ここで例題の英文に戻ると、表されている内容は、現実の政治経済情勢から見て、実際に起こる可能性は高いとはいえないので、むしろここでは仮定法過去で表すのが適切です。仮定法を使うことで、「今いっていることの可

能性は低いですが」という言外のメッセージを読者に伝えることができます。日本語では、ここで述べたような、単なる条件と仮定の区分が文法的に表されないので、日本人学習者の英語は、本来仮定法を使うべきところで使えない、ということがよく起こります。

Improved

If the oil supply from abroad *were* [*was*] completely stopped, the Japanese economy *would* be crippled.

実践演習

次の日本文を述べられている事柄の現実性、実現可能性などを考えて、自然な英文に直しなさい。(Model Answers は p. 144)

1. もし富士山が噴火すれば、関東地区全域が被害をこうむるでしょう。
2. 彼が教師としてまた研究者として優れた人物なら、採用することにしましょう。(「X という条件を満たせば Y」という単なる条件文)
3. もし彼がもう少し慎重なタイプの人間ならば、採用するのですが。
   (現実的には不注意が目立つ人物というメッセージを伝える)

Chapter ②

かたい表現 vs. やわらかい表現

英語を母語としない英語学習者にとって文法・語法の習得以上にむずかしいのは、表現の文体的価値の習得です。文体的価値というのは、もっと平たくいうと、ある表現が一般に書き言葉で使われる形式ばったかたい表現か、それとも一般的に話し言葉で使われる日常的なやわらかい表現かの違い、ということができます。たとえば、日常的な話し言葉的な文脈で「Johnは君を理解しようとがんばってみたんだよ」というのをもし仮に、John made strenuous efforts to understand you. などというと、made strenuous efforts がかなり形式ばった重い表現なので、場にそぐわないちぐはぐな感じになります。この場合は、ごく普通の状況ならば、たとえば、John tried hard to understand you. となるところです。

　この章では、ある表現や構文がどういう文体的価値を持っているかについて、基本的なところを取り扱っていくことにします。この章の記述の進め方としては、示されている英語や日本語表現がどういうレベルの表現なのかについて、それを「想定状況」という言葉を使って、たとえば、

【想定状況: 日常会話】
【想定状況: エッセイ・小論などの一般作文】
【想定状況: 学術論文などのフォーマルな作文】

などのように、その表現が使われる文脈としての区分を提示することにします。

Example 30　It is said that... はどう響く？

【想定状況: 日常会話】
- テッドはとっても話しやすい人物といわれている。
- *It is said* that Ted is very easy to talk to.

Comments

例題の英文の that 以下の内容は、別にフォーマルなものではなく、ごく日常的な話題ですから、この場合、文頭の It is said は論文調でちょっと重たく響きます。It is said that..., あるいは be 動詞 is の代わりに助動詞の can, must, has to などを使った、It can [must/should/has to] be said that... の形は比較的フォーマルな文体なので、日常的なトピックには向きません。

Improved

People [*They*] *say* that Ted is very easy to talk to.

実践演習

次の日本文を動詞 say を適切に使って、自然な英語に直しなさい。(Model Answers は p. 146)

1. 一条先生は女子学生にとても人気があるらしいよ。【想定状況: 日常会話】
2. あの会社は業績がいいらしい。【想定状況: 日常会話】
3. 日本人の多くは自然と調和して生きることを願っているといわれている。【想定状況: エッセイ・小論などの一般作文】

かたい表現 vs. やわらかい表現

Example 31　People say that ... はどう響く？

【想定状況: エッセイ・小論などの一般作文】
- 日本の郵便制度は以前ほど収益の上がる制度ではなくなっているということがいわれている。
- *People say* that the Japanese postal system is not as lucrative as it used to be.

Comments

Example 30 で述べたように、It is said that ... の構文は比較的フォーマルな文体であり、People [They] say のほうはややくだけた日常的な響きがあります。そこで例題の英文を見ると、Example 30 とは逆に、that 節の中身が比較的かたい内容で、語彙レベルもやや高めなので、この場合 People say のくだけた感じとあわず、全体的にスタイルがまとまっていない感じです。

Improved

It is said [*reported*] that the Japanese postal system is not as lucrative as it used to be.

　　[注] 実際には It is said と同じような頻度で It can [could/should/has to] be said がよく使われます。

実践演習

次の日本文を動詞 say を適切に使って、自然な英語に直しなさい。(Model Answers は p. 146)

1. その自動車会社にはハイブリッドカー (hybrid car) を開発する能力はない、ということがいえるであろう。【想定状況: エッセイ・小論などの一般作文】

2. 多くの日本の若者が実際より自分を低く評価しているといえるであろう。【想定状況: エッセイ・小論などの一般作文】
3. このあたりは若い女の子がウロウロするような場所じゃないといわれているよ。【想定状況: 日常会話】

Example 32　It is not too much to say that ... はどう響く？

【想定状況: 日常会話】
- 加藤先生は天才といってもいいすぎじゃないよ。
- *It is not too much to say* that Mr. Kato is a genius.

Comments

It is not too much to say that ... という表現はあることはありますが、フォーマルな書き言葉的な響きがあり、しかも実際に使われる頻度も低いです (BNC ではわずかに数例あがっているにすぎません)。例題の英文の that 節の内容は、ごく日常的な話題ですから It is not too much to say と組み合わせるのはちぐはぐな感じがします。

Improved

a. *You [One] could say* that Mr. Kato is a genius.
b. Mr. Kato is *probably* a genius.

実践演習

次の日本文を自然な日常会話的英語に直しなさい。(Model Answers は p. 147)
1. 田中君は働き中毒だといってもいいすぎじゃないね。
2. John は生まれながらのピアニストといってもいいすぎじゃないくらいだ。

かたい表現 vs. やわらかい表現

3. 吉田さんは理想的な父親といってもいいすぎじゃないよ。

Example 33 not only 〜 but also ... はどう響く？

【想定状況: 日常会話】
- かおりは英語だけでなくフランス語も話します。
- Kaori speaks *not only* English *but also* French.

Comments

「〜だけでなく...も」という日本語を見ると、ほとんど反射的に not only 〜 but also... という英語表現が浮かんでくる人が多いと思いますが、この表現はそれほど日常的な、やわらかい表現とはいえません。むしろどちらかといえば以下の例文のようなフォーマルな文体にふさわしいものです。**日本語でいえば「〜のみならず...をも」などの表現に近いといえるでしょう。**

- The enormities of the Hitler regime and the Holocaust opened up many fields of research into the workings of minds *not only* of fanatics *but also* the mentally disordered or diseased. (BNC)
（ヒトラー政権とそれが犯した大量虐殺の極悪性は、狂信者の精神構造のみならず精神障害者もしくは精神病者の精神構造研究に関する多くの領域を新たに開くきっかけとなった）

Improved

a. Kaori speaks English *and* French.
b. Kaori speaks English *and* French *as well*.

実践演習

次の日本文を自然な英語に直しなさい。(Model Answers は p. 147)

1. 大山先生はいい教師だし、優れたカウンセラーでもあります。【想定状況: 日常会話】
2. うちの課長のお気に入りは佐藤君だけじゃなく、加藤君もお気に入りだよ。【想定状況: 日常会話】
3. アメリカ政府は北朝鮮の核開発のみならず中国の軍備増強に対しても非難した。【想定状況: エッセイ・小論などの一般作文】

Example 34　As is (often) the case with ... はどう響く？

【想定状況: 日常会話】
- ジョージにはよくあることだけど、あいつまた学校遅刻だよ。
- George is late for school again, *as is often the case with him*.

Comments

「〜にはよくあることであるが」という意味で使われる as is often the case with ... は以下の例文に見られるように、フォーマルな文体に属する構文です。例題の英文の場合、George is 以下はごく日常的な内容なので、スタイルがちぐはぐでかみ合いません。

- *As is often the case with such surveys*, no clear consensus emerged over many of the questions, and some apparently contradictory points were made.（BNC）(そのようなアンケート調査の場合によくあることだが、質問事項の多くについて明快なコンセンサスが得られておらず、いくつかの明らかに矛盾する項目が提示されていた)

Improved

George is late for school again, *as he usually is*.

> 実践演習

次の日本文を自然な日常会話的英語に直しなさい。(Model Answers は p. 147)

1. Chris にはありがちだったが、また帰宅が夜の 12 時ごろだった。
2. よくあることだが、Lucy はまた定期券 (season ticket) を家に置き忘れてしまった。
3. Mick がまたいつものように自分の上司の悪口をいっているよ。

Example 35　make it a rule to do が ふさわしい状況は？

【想定状況: 日常会話】
- 私は毎朝コーヒーを飲むことにしています。
- I *make it a rule* to have some coffee every morning.

Comments

「毎日・毎朝・定期的に〜することにしている」という習慣的なニュアンスは、動詞を単純現在形(進行形でない形)で使えば十分表すことができます。英語の make it a rule to do という構文は頻度の高い一般的な表現とはいえません。実際には、以下の例文に見られるように、**自分の主義、モットー、生き方、のような意味合いをはっきり表現するときに使われる傾向があります。**

- I make it a rule never to mix business with pleasure. (BNC)
  (私は仕事と趣味を混同するような真似は絶対にしないことにしている)

そういう理由で例題のような、比較的軽い日常会話的内容の場合に make it a rule to do を使うのは、ちょっと大げさな感じです。

Improved

I *have* some coffee every morning.

実践演習

次の日本文を自然な英語に直しなさい。(Model Answers は p. 148)

1. 私は昼食は毎日午後1時に食べることにしています。
2. 私はタバコは吸わないことにしています。
3. 決して陰で人の悪口をいわないのが Dave の主義だ。

Example 36　Not until の倒置構文の使い方

【想定状況: 日常会話】
- 帰宅してはじめてその文書を会社に置き忘れてきたことに気がつきました。
- *Not until* I came home *did* I realize that I had left the document in my office.

Comments

BNC の頻度統計によると、確かに until の直前にくる表現は not が一番多く、not until という組み合わせは非常に頻度が高いという使用実態があります。しかし、上記の英文のように **Not until でセンテンスを始めて、あとに助動詞や be 動詞が前に出る倒置構文は、フォーマルなスタイルで、表現としてのかたさが特徴です**。したがって、例題のような日常的な軽い内容にそれを使うのはやや大げさな感じです。Not until から始まる倒置構文は以下の例文のような内容にはふさわしいスタイルといえます。

- *Not until* after his death *did* he become known as Alfred the Great. (BNC)(死後ようやくにして彼はアルフレッド大王として知られるようになった)

● Improved ●

I *didn't* realize that I had left the document in my office *until* I came home.

［注］この英文よりもややフォーマルな表現（Not until で始める倒置構文ほどフォーマルではない）として、It was not until I came home that I realized that I had left the document in my office. をあげることができます。

●実践演習●

次の日本文を自然な英語に直しなさい。（Model Answers は p. 148）

1. 私はアメリカに行ってはじめて自分の英語力のなさに気がつきました。【想定状況: 日常会話】
2. 私はひとり暮らしをするようになってはじめて親のありがたみがわかるようになりました。【想定状況: 日常会話】
3. 太平洋戦争での敗北の後ようやくにして日本人は自分たちに何が欠落していたかを認識するにいたった。【想定状況: エッセイ・小論などの一般作文】

Example 37 理由を表す接続詞の for

【想定状況: 日常会話】
- 私はロバートソン先生の送別会には、招かれていなかったので行きませんでした。
- I didn't go to the farewell party for Mrs. Robertson, *for* I hadn't been invited.

Comments

英語の for にはいろいろな意味・用法がありますが、その中のひとつが理由を表す接続詞としての用法です。主として、for の前にコンマかセミコロンが置かれることが多いですが、ピリオドでいったんセンテンスを区切って、For . . . という形で独立文として前の文に関する理由を述べることもあります。しかし、この理由を表す節を導く for は、フォーマルなスタイルに属し、以下の例に見られるようなかたい感じの文章にふさわしいものです。

- It was a mercy we did, *for* X-rays revealed not only back trouble, but a massive abdominal aorta aneurysm. (BNC)
(それ(手術を施すこと)はわれわれの思いやりであった。なぜならばレントゲンには腰部の異常だけでなく、腹部に大きな大動脈瘤が映し出されていたからであった)

したがって、例題のような日常的な内容で、for を接続詞として使うのはスタイル的にちぐはぐな感じです。

Improved

I didn't go to the farewell party for Mrs. Robertson because I hadn't been invited.

> 実践演習

次の日本文を自然な英語に直しなさい。（Model Answers は p. 149）
1. 私は George が好きです。それはいつも私を笑わせてくれるから。
【想定状況: 日常会話】
2. 私はこの車はいやです。だって燃費が悪いから。【想定状況: 日常会話】
3. 村人たちは落ち着きを失っていた。というのもそれが彼らには津波の前触れと思えたからであった。【想定状況: エッセイ・小論などの一般作文】

Example 38　分詞構文がよく使われる状況は？

【想定状況: 日常会話】
- いつから仕事を始めるのかわからなかったので、上司にたずねました。
- Not knowing when to start, I asked my boss about it.

Comments

英語を勉強している人たちの中には、分詞構文を使うとなんとなく英文のクオリティが高くなったように感じる人がいますが、**分詞構文は基本的には書き言葉的であって、日常会話などではあまり使われません**。もし上記の英文が書かれた文章の一部ならば、それほど違和感はありませんが、もし会話文の一部だとすれば、不自然な印象があります。

話し言葉のひとつの特徴として、分詞構文などの従属節構造をあまり使わず、むしろ and, but, or, so などの等位接続詞を用いてセンテンスをつないでいくことが多い、ということをあげることができます。たとえば動詞 know を分詞として使うのは、以下の例のような書き言葉が典型的なものです。

- Manufacturers, *knowing* that an extra few hundred pounds on the price will not be any deterrent, load their cars with all manner of profitable goodies from ten-speaker hi-fi systems to turbo engine chargers. (BNC)
(自動車メーカーは、さらに数百ポンド(車の)値段に上乗せしても別に買い手の買う気をそぐことにならないということを見越して、スピーカー10個つきのハイファイステレオからターボエンジンチャージャーまで、ありとあらゆる儲かりそうな品を車に装備してしまう)

• Improved •

I didn't know when to start, so I asked my boss about it.

実践演習

次の英文を分詞を使わない形に書き直しなさい。(Model Answers は p. 149)

1. Looking down from the helicopter, I saw a few people waving their hands on the top of the mountain.
2. Completely stunned, William just stood still.
3. Jogging on the road, Lewis came across his ex-wife.

かたい表現 vs. やわらかい表現

Example 39 分詞構文を効果的に使う

【想定状況: エッセイ・小論などの一般作文】
- 問題は、そういう学生たちは酔っ払うと乱暴になり、周囲の人たちに迷惑をかけるという点だ。
- The problem is that those students, when drunk, become wild, *and they cause* enormous inconvenience to people around them.

Comments

Example 38 で、分詞構文は書き言葉スタイルなので話し言葉では一般的ではない、という話をしましたが、逆に書き言葉では、分詞構文の頻度は話し言葉よりもずっと多くなります。**分詞構文は意味的には理由、時、条件、付帯状況、譲歩、結果などさまざまですが、接続詞を使わないので、接続詞を使った場合ほどにはそれらの意味がはっきりと出ないという特徴があります。**また分詞構文は主語を伴わないので、動詞句が時制、数などに縛られないという便利さもあります。その意味では、分詞構文を使うかどうかは、単に書き言葉、話し言葉というスタイルの問題だけではなく、Chapter 3 で述べる、簡略なスタイルとも関連があります。

Improved

The problem is that those students, when drunk, become wild, *causing* enormous inconvenience to people around them.

実践演習

次の英文を分詞構文を使って書き直しなさい。(Model Answers は p. 150)

1. When they looked back upon the past few years, the people in the village could not help getting depressed over the things

they had lost.
2. The foreign tourists on the coach drank too much and became wild and they started to fight one another.
3. If this problem was seen from a political viewpoint, it would look totally different.

Example 40　主語と be 動詞が省略される場合

【想定状況: 日常会話】
- 英語を話すときは間違いを恐れてはいけません。
- *When speaking* English, you shouldn't be afraid of making mistakes.

Comments

英語では、when studying, while living, if seen などのように、従属接続詞の when, while, if, though, as if などの次に分詞が直結し、主語と be 動詞が省かれる構文がありますが、**そういう構文は書き言葉に属するもので、話し言葉の特徴ではありません。**そのため、例題のような、会話体の文章でごく日常的な内容を扱ったものにはふさわしくない構文といえます。

Improved

When you speak [are speaking] English, you shouldn't be afraid of making mistakes.

実践演習

次の英文を省略のない形にしなさい。(Model Answers は p. 150)
1. When young, I used to argue with my wife.

2. I tried hard to get to know as many local people as possible while staying in a provincial town in England.
3. I'll get my work finished before going.

Example 41　in my school days はどう響く？

【想定状況: 日常会話】
- 学生時代には英語の勉強に励んだものだった。
- I used to study English very hard *in my school days*.

Comments

「学生時代」というとき、in one's school days という言い方は、表現としては問題ありませんが、少しかたい言い方です。少なくとも、日常会話では普通に使う表現ではありません。会話体では むしろ節の形で「私が学生だったとき」のように表現します。

Improved

I used to study English very hard *when I was a student*.

実践演習

次の英文を自然な日常会話的英語に直しなさい。(Model Answers は p. 150)

1. I was a member of ESS in my college days.
2. I used to drink a lot of wine in my youth.
3. I often stayed up late at night working in my high school days.

Example 42 予定を表す現在時制

【想定状況: 日常会話】
- アレックスは6時半にここに着きます。彼が現れたら笑顔で歓迎しましょう。
- Alex *comes* here at 6:30. When he comes, let's welcome him with a smile.

Comments

英語では予定を表すにはさまざまの表現が可能ですが、単純現在時制もそのひとつです。しかし単純現在時制で予定を表すのは、個人というより、列車、飛行機、バスなどによる団体での移動スケジュールが時刻表などで確定していて、通常変更がないような場合(旅行会社が飛行機の発着時刻をいうような場合)が一般的であり、上記のように個人の予定の場合には、be ～ing, be going to, will, will be ～ing などで表すのがより自然です。

Improved

Alex *is coming* [*will be coming* / *will be*] here at 6:30. When he comes, let's welcome him with a smile.

実践演習

次の日本文を自然な英語に直しなさい。(Model Answers は p. 151)

1. 私はあすの朝8時にここを出て行きます。これまでどうもいろいろお世話になりました。【想定状況: 日常会話】
2. 父は7時ごろ帰宅します。帰宅したらお電話があったということを伝えます。【想定状況: 日常会話】
3. その列車の New Castle 到着予定時刻は9時45分。【想定状況: 時刻表の内容】

かたい表現 vs. やわらかい表現

Example 43 主語には to 不定詞か 〜ing か

【想定状況: 日常会話あるいはエッセイ・小論などの一般作文】
- 英語できちんと自分の考えを表現するのは意外にむずかしいということがわかった。
- *To express* myself properly in English has turned out to be tougher than I'd thought.

Comments

日本語でいえば「〜すること」「〜であること」などのように動詞句的な内容を英文の主語として設定する場合、to 不定詞や 〜ing などの形が考えられます。**日本人学習者は to 不定詞を好む傾向が見られますが、〜ing のほうが文体的には一般的であり、to 不定詞はややかたい印象があります。**

● Improved ●

Expressing myself properly in English has turned out to be tougher than I'd thought.

実践演習

次の日本文を、主語の構造に留意して自然な英語に直しなさい。(Model Answers は p. 151)

1. ペットと一緒に暮らすのは意外に気持ちがリラックスするということがわかった。
2. 日記を英語で書くのは英作文力をつけるのに役立つ。
3. 毎日朝 7 時から夜中の 12 時まで働くのは自殺行為だよ。

Example 44 as if 節の時制

【想定状況: 日常会話あるいはエッセイ・小論などの一般作文】
- 雨になりそうな空模様だ。
- It looks as if it *were* going to rain.

Comments

一般に as if は仮定法の節を導く、と思われていますが、実際には仮定法、直説法のどちらも可能です。**スタイル的には仮定法はやや形式ばった感じがあります。**特に内容が、事実に反する仮定的なものでなく、現実性の高いものであれば、直説法が使われることが多いです。次の例文を参照してください。

- He doesn't look as if he *likes* us very much.（BNC）（彼はわれわれのことをそれほど好きなようには見えない）
- Now come on, let's go and eat. You look as if you *need* to keep up your strength.（BNC）（さあ、何か食べに行こう。君は体力を維持しなきゃいけないようだから）

Improved

It looks as if it*'s* going to rain.

［注］as if の代わりに like を使って表すこともできます。

実践演習

次の日本文を、as if を使って自然な英語に直しなさい。（Model Answers は p. 152）
1. この犬はまるで今にも私に向かってきそうに見える。
2. Ted はまるで英雄気どりで話をする。
3. 彼らはまるで私が王室の一員であるかのように丁重に扱ってくれた。

Example 45　so と such の使い分け

【想定状況: 日常会話】
- あんな頭のいい少年に出会ったことがない。
- I've never met *so smart a boy*.

Comments

so の次に「形容詞 + 単数名詞」がくる場合、**so smart a boy** などの形になりますが、この構造は書き言葉に属し、やや堅苦しい印象があります。構造的には such を使って、such a smart boy の形にするほうが一般的な話し言葉です。（形容詞の次に複数名詞や非可算名詞がくる場合も so smart boys, so sweet honey ではなく、それぞれ such smart boys, such sweet honey のようにいいます。ただし「数量的形容詞 + 名詞」の場合は、so many students, so much money のように表します。）

Improved

I've never met *such a smart boy*.

実践演習

次の日本文を、so もしくは such を使って自然な日常会話的英語に直しなさい。(Model Answers は p. 152)

1. TOEIC でそんな高いスコアはちょっと出せそうにありません。
2. そんな若い男にあれこれ指図されたくない。
3. どうやったらそんなにたくさんのお金を稼げるんだろう。

Example 46　but と however の使い分け

【想定状況: 日常会話】
- 君が僕を信頼していないことはわかっているが、お互い力を合わせてこのプロジェクトをやっていかなくてはならない。
- I know you don't trust me. *However*, we have to work on this project together.

Comments

however は but と比べると、すこし口調がかためというか、あらたまった感じがあり、書き言葉で多く使われます。会話文などでは but のほうがより一般的です。また、however と but は用法の違いもあります。however は文頭、文中、文末(それほど頻度は高くない)のどこにでも使われますが、but は節や文の頭にだけ用います (however の文中での位置については Example 89 を参照してください)。

Improved

I know you don't trust me, *but* we have to work on this project together.

実践演習

次の日本文を、逆接表現に留意して自然な英語に直しなさい。(Model Answers は p. 153)

1. 私は甘いものはあまり好きじゃありませんが、時々チョコレートケーキを食べます。【想定状況: 日常会話】
2. Mike はあまり学校の成績はよくないけれど、人柄はいいです。【想定状況: 日常会話】
3. 学生の側の動機の欠如と現在の入試制度には相関性があることは疑

う余地はない。しかしそのことを認識している人は少ない。【想定状況: エッセイ・小論などの一般作文】

Example 47　had better の使い方

【想定状況: エッセイ・小論などの一般作文】
- 学生は卒業時までに TOEIC 550 点、もしくは英検 2 級を取得できなくてはならない。
- The students *had better* be able to get 550 points in TOEIC or the second grade in Eiken by the time they graduate from university.

Comments

had better は、「～しないと損をする（だから～したほうがいい）」という、強いアドバイス的な意味があります。そういう意味合いがあるので、相手に対する脅しとしても使えます。

- You'd better keep quiet about this. （このことについては誰にもいわないほうが身のためだ）

また、had better は会話などで、相手がいる状況でその相手に向かって使うのが一般的です。例題の英文のように、普通の書き言葉として had better を使うのは不自然です。

Improved

The students *should* be able to get 550 points in TOEIC or the second grade in Eiken by the time they graduate from university.

［注］should であれば一般的作文でも日常の話し言葉でも普通に使うことができます。

> 実践演習

次の日本文を、had better を使えるかどうか判断して英訳しなさい。
(Model Answers は p. 153)
1. 8月10日に当地で発生した自爆テロ事件に格別の注意が払われなければならない。【想定状況: エッセイ・小論などの一般作文】
2. 日本政府は北朝鮮や中国などの近隣諸国との関係改善のため、さらなる努力をすべきである。【想定状況: エッセイ・小論などの一般作文】
3. ずいぶん気分が悪そうだね。しばらく横になったほうがいいよ。【想定状況: 日常会話】

Example 48　抽象名詞の使い方

【想定状況: 日常会話】
- 私はその台風が関東地区を直撃する可能性は非常に高いと思う。
- I think *the possibility* of the typhoon hitting the Kanto district is very high.

> Comments

すでに Example 21 で触れましたが、**一般的に -ness などで終わる抽象名詞はやや響きが重く、抽象名詞が多く使われれば使われるほど、その英文はかたい調子になります**。例題の英文は、たとえばフォーマルな会見や演説などの場面であれば、それなりにふさわしい文体といえますが、日常の場面では possibility という抽象名詞が重く響くため、違和感のある文体です。日常的にはたとえば下記のような、抽象名詞を避けた表現が一般的です。

● Improved ●
   a. I think the typhoon is *very likely* to hit the Kanto area.
   b. I think the typhoon will *probably* hit the Kanto district.

● 実践演習 ●

次の日本文を、特に名詞表現をどう英語に直すかに留意して英訳しなさい。(Model Answers は p. 154)

1. 私は富と幸福がほしい。
2. 抽象性と具体性はそれほど異なるものではないと私は考えます。
3. 何事も金、金という拝金主義であいつは身を滅ぼしたんだ。

Example 49　but の次の同一主語は省略すべきか

【想定状況: 日常会話】
- 自分の立場を守るためにひとこといいたかったのですが、結局何もいいませんでした。
- I wanted to say something to defend myself, *but didn't* say anything.

● Comments ●

英作文でよく迷うのは、重文の構造で、第1文と第2文を but でつなぐ場合、第1文の同一主語を第2文で繰り返すかどうか、という点です。**一般に省略は話し言葉よりも書き言葉で多く発生します。**この原理からいうと、例題のような日常会話的話し言葉では、第2文の接続詞のあとの主語は省略しないのが普通です。**逆にこれがフォーマルな書き言葉の場合、第2文での同一主語は省略される傾向があります。**

◆ Improved ◆

I wanted to say something to defend myself, but *I* didn't say anything.

◆ 実践演習 ◆

次の日本文を、特に第2文で同一主語を繰り返すかどうかに留意して英訳しなさい。(Model Answers は p. 154)

1. 私はあたりを見回してみたが、何も見えなかった。【想定状況: 日常会話】
2. 私の兄はサッカーは上手だが、野球はダメだ。【想定状況: 日常会話】
3. この実験はその点に関しては成功であったが、これから述べるいくつかの点に関しては成功していない。【想定状況: 学術論文などのフォーマルな作文】

かたい表現 vs. やわらかい表現

Example 50 短縮形と文体 (1)

【想定状況: 日常会話】
- ジェーンは今朝の会議には間に合わないだろう。
- Jane *will not* be on time for the meeting this morning.

Comments

英語では、日常会話などの、「やわらかい」文脈では一般に短縮形が使われます。たとえば、I am の代わりに I'm, You are の代わりに You're, He is の代わりに He's という具合です。will の場合も、He will の代わりに He'll, John will not の代わりに John won't という表し方になります。

Improved

Jane *won't* be on time for the meeting this morning.

実践演習

次の日本文を、短縮形の活用に留意して英訳しなさい。(Model Answers は p. 154)

1. ぼくはこの学校を退学するつもりはありません。(be going to を使って)
2. 私の父は2ヵ月前からオックスフォードに行っています。(現在完了形を使って)
3. そんなところにひとりで行ってはいけません。(should を使って)

Example 51 短縮形と文体 (2)

【想定状況: 学術論文などのフォーマルな作文】
- この章では以下の2つのテーマに焦点を合わせてみたい。
- In this chapter, I'*ll* focus on the following two themes.

Comments

Example 50 で扱った日常会話などのやわらかい文体と異なり、**学術論文などの、「かたい」文脈では一般に短縮形は使われません**。したがって、会話体でよく使われる、isn't, aren't, won't, haven't, can't などの短縮形は、論文やフォーマルな文章では使わないのが普通です。

Improved

In this chapter, I *will* focus on the following two themes.

実践演習

次の英文をフォーマルな論文の一部と想定し、(助)動詞句の形に留意して適正なスタイルに直しなさい。(Model Answers は p. 155)

1. In this section, we'll look into the problems with Japan's English education at the university level.
2. How the treaty was agreed upon won't be made public before 2020.
3. In the last decade, there's been much talk about how to deal with our aging society.

かたい表現 vs. やわらかい表現

Example 52 倒置を使った仮定法

【想定状況: 日常会話】
- ぼくが君の立場ならその仕事は断るだろう。
- *Were I* in your position, I wouldn't accept the job offer.

Comments

英語の仮定法では接続詞 if を使う場合と、if を使わずに、主語と動詞の倒置を起こすことで仮定の意味を表す場合があります。**接続詞 if を使うほうが、if を使わない倒置文よりも、より一般的な構文であり、倒置文はかたい書き言葉的な響きがあります**。例題の日本文は想定状況が日常的場面ですから、この場合、倒置文で仮定的な意味を表すのは文体上ふさわしくありません。

Improved

If I were in your position, I wouldn't accept the job offer.

実践演習

次の日本文を、倒置文を使うのが文体上適切かどうかを判断して英訳しなさい。(Model Answers は p. 155)

1. もし John が生きていたら、あなたの成功を聞いて喜ぶでしょう。
   【想定状況: 日常会話】
2. もし日本政府が中国本土を侵略しないという決定をしていたら太平洋戦争は起こらなかったであろう。【想定状況: エッセイ・小論などの一般作文】
3. 長年にわたる厳しい努力がなければ、われわれの研究がこれほど進捗することはなかったであろう。【想定状況: 学術論文などのフォーマルな作文】

Example 53 未来完了の使い方

【想定状況: 日常会話】
- あしたまでに状況はガラリと変わっているだろう。
- Things*'ll have totally changed* by tomorrow.

Comments

未来完了形は、助動詞を2つ連続で使い (will/shall + have)、さらに過去分詞が加わるので文法構造としては重たく感じられるため、一般的に話し言葉では避けられる傾向があります。未来完了の助動詞 have を使わない形で、未来完了と同じ意味を表すような表現がよく用いられます。

Improved

Things*'ll be totally different* by tomorrow.

実践演習

未来完了的な意味を表している次の日本文を、未来完了形を使わずに英訳しなさい。(Model Answers は p. 156)

1. 来年の今頃にはこの地域での紛争 (conflict) は終わっているだろう。
2. お前がアメリカから帰ってくるころには、Scott もずいぶんよくなっていることだろう。
3. 来年パリに行けば、4回行ったことになるだろう。

かたい表現 vs. やわらかい表現

Example 54: the way の使い方

【想定状況: 日常会話】
- それが、彼の企業買収のやり口です。
- That is *the way in which* he acquires companies.

Comments

関係副詞 how に先行詞 the way をつけた形の the way how は古い用法で、現代では使われなくなっており、それに代わって、現代英語では the way in which や the way that、あるいは先行詞を伴わない how などが一般的に用いられます。しかし、the way in which や the way that は書き言葉なので、主として論文などのフォーマルな文章で使われます。**特に話し言葉では 'the way S + V' という形で the way が接続詞的に使われ、そのあとに節を直結することが多いです。**

ついでにいうと、'the way S + V' という節が副詞的に使われる場合、下の例に見られるように、話し言葉では 'in the way S + V' の代わりに、in を落とした形の 'the way S + V' が多く使われます。

- I'm happy the way I am. （私は今のままで幸せです）
- Work hard every day, the way I do. （私と同じように毎日一生懸命がんばりなさい）

[注] ここでは I'm happy in [with] the way I am. の in [with] と、Work hard every day, in the way I do. の in がそれぞれ省略された形と見ることができます。

Improved

That's *the way* he acquires companies.

実践演習

次の日本文を、想定状況に従って、the way, the way in which 等を適宜使って英訳しなさい。(Model Answers は p. 156)
1. それが、彼らの問題処理のやり方なんです。【想定状況: 日常会話】
2. 私は彼の話ぶりが気に食わない。【想定状況: 日常会話】
3. これが、Jones 博士が、その社会学的現象 (sociological phenomenon) を分析しようと試みた手法である。【想定状況: 学術論文】

Example 55　スタイルの混交 (1)

【想定状況: 卑俗的な日常会話】
- 妙なまねしようとすると、どてっぱらに風穴があくぜ。
- You'll get a bullet in your belly if you *make an attempt* to do something funny.

Comments

あるまとまった文章のスタイルというものは統一性、一貫性があるべきです。その意味で、たとえばひとつのセンテンスに話し言葉と書き言葉を混ぜてしまうのは避けなければなりません。上記の日本文は、全体的にはギャング映画で使われそうな非常にくだけた話し言葉の文章ですが、英文のイタリックのところはフォーマルな文語体になってしまっています。全体のスタイルを統一するには以下のようにする必要があります。

Improved

You'll get a bullet in your belly if you *try* something funny.

かたい表現 vs. やわらかい表現

> 実践演習

次の英文を、それぞれイタリックの部分に着目し、指示に従って全体を書き直しなさい。(Model Answers は p. 156)

1. *It's a cinch* that the police will make a thorough investigation of the murder committed by the schoolboy.【想定状況: エッセイ・小論などの一般作文】
2. *It's a pain in the neck* having to repair the malfunctioning on-line system in a very limited time.【想定状況: 日常会話】
3. Are you sure *that you will be able to accomplish the task successfully?*【想定状況: 日常会話】

Example 56　スタイルの混交 (2)

【想定状況: 日常会話】
- 学校に行く途中で事故にあいました。そういうわけで、けさのブラウン先生の英語の授業に遅刻してしまいました。
- I had an accident on my way to school, *therefore*, I was late for Mr. Brown's English class this morning.

> Comments

Example 55 と同様、ここでも文体の混交が見られます。全体を日常会話体で統一するには、書き言葉である接続詞 therefore を以下のように書き換える必要があります。

> • Improved •

I had an accident on my way to school, *so* [*and that's why*] I was late for Mr. Brown's English class this morning.

> 実践演習

次の英文を、それぞれイタリックの部分に着目し、日常会話体で全体を書き直しなさい。(Model Answers は p. 157)

1. Clark was seriously ill. *Moreover*, he was deep in debt.
2. Well done! The information you've *thus* collected is extremely useful.
3. Brian finds himself disillusioned with life, *in spite of* the fact that he's very rich.

Example 57　スタイルの混交 (3)

【想定状況: 学術論文などのフォーマルな作文】
- この文の主語の構造は、その極端に複雑な表現のあり方により、教育的見地から非常に重要な一面を顕在させている。
- The structure of the sentence subject shows a pedagogically *very* important aspect because of its *extremely* complex wording.

> Comments

ここでも Example 55、56 と同様、文体の混交が見られます。**一般的に、学術論文などのようにフォーマルな文章では、あくまで客観的、科学的冷静さが記述のあり方の基本としてなくてはならないので、極端な意味を表す形容詞・副詞**(例: very, extremely, never, completely, excellent)**はなるべく使わないのが普通です**。それと対照的に、極端な意味を表す語句が最も頻繁に使われるのは日常会話の文脈です(例: I think his English is extremely good.)。

かたい表現 vs. やわらかい表現

Improved

The structure of the sentence subject shows a pedagogically important aspect because of its *comparatively* complex wording.

> ［注］ここでは very important の very を省き、extremely complex を comparatively（比較的）complex にすることで、冷静な記述という印象が生まれます。

実践演習

次の英文を、それぞれ学術論文の一部と考え、使われている形容詞・副詞に着目して、全文をふさわしい文体で書き直しなさい。(Model Answers は p. 157)

1. We now need to consider those perfectly organized structures from a very different point of view.
2. It is extremely important to note that there is quite an interesting distinction between the two fantastic phenomena.
3. Undoubtedly it is very justifiable to refer to the excellent effect of the method.

Chapter ③

簡潔で無駄のない表現

ライティングの際、ひとつの文の中にいろいろな情報をつめこみながら、長々と続けるのは一般的にいってあまりよいことではありません。ある調査・研究によると、英語の場合、歴史的にいえば、16世紀のエリザベス朝のころの文章はひとつの文の長さが約45 words、19世紀のビクトリア朝のころは約29 wordsでしたが、現代では17から20 wordsとなっていて、明らかに短文傾向・簡潔化が進んでいるといえます。

　特に書き言葉において、表現の簡潔さ、無駄のなさを尊ぶ、という点については、日本語に比べて英語のほうがより熱心な気がします。英語に比べると日本語は、元来あまり直接的な表現を好まず、間接的で持って回った言い回しが多いのは事実です（この点については拙著『論理思考を鍛える英文ライティング』を参照してください）。日本語を普段使っている私たちも、あまり簡潔さとか言葉の経済性などには関心をはらわないことが多いのですが、英語はある意味で日本語とは対照的な言語で、言葉の経済性を追求する気持ちが、一般的に日本語の場合よりもはるかに強いのです。

　この章では、エッセイ、小論、評論、手紙、メール、日記など、一般的なライティングにおいて、英語表現のひとつのスタイル的特徴ともいえる、無駄のない簡潔さ、というものについて述べてみたいと思います。ダラダラした文章を引き締まったものにする上では語数を切り詰める、ということが大きなポイントになりますから、特にこの章では、ExampleとImprovedの項を対比させる意味で、例文の語数表示をやっていきます。

Example 58　The number of 〜 と More and more 〜

- 定年後海外で生活する人の数が最近増えてきている。
- The number of people who live abroad after retirement has recently been increasing. (13 words)

Comments

「最近では〜する人の数が増えてきている」という内容を英語で表す場合、The number of 〜 という形にすると、いろいろむずかしい問題が起こります。まず、上記のように関係代名詞構文を使わなければなりません。その場合どの関係詞を使うかの選択が必要です。次に主語の The number に合わせて動詞句(ここでは has been increasing)を表現する必要があります。よくある誤りですが、関係代名詞節がダラダラ続いたあと、The number が主語であることを忘れて have been increasing にしたりしてしまいがちです。こういう従属節を含む構文はいわゆる複文ですから、全体の構造がむずかしくなります。おまけに語数も多くなりがちです。単文ですむならばそれに越したことはないわけです。こういう場合、More and more people を主語にして、単文で書き表すとより簡潔な文章ができます。

Improved

These days, *more and more* people live abroad after retirement. (10 words)

実践演習

次の日本文を自然で簡潔な英語に直しなさい。(Model Answers は p. 158)
1. 最近では自分の家で食事をしない子供の数が増えてきている。
2. 最近は本を読まない若者が増えているということだ。
3. 今後中国語を学ぶ日本人が増えるだろう。

簡潔で無駄のない表現

Example 59　There 構文の使い方

- イギリスの田舎にホームステイをしに行く日本の学生が多くいます。
- *There are* many Japanese students *who* go to the British countryside for a homestay. (14 words)

Comments

英語の There 構文は、一般的に、相手にとって新情報である人物やものの存在を「〜があります」というニュアンスで知らせるための文です。

- There is a car park over there.（向こうに駐車場があります）
- There are a few houses on the hillside.（丘の中腹に数軒の家があります）

例題のような日本文は、「〜があります」というような、存在していることを第一義的に相手に伝える内容ではなく、「(多くの学生)が(ホームステイ)する」という、あるまとまった内容を伝えるものですから、わざわざ There で始めて、後半を関係代名詞構文にする必要はありません。それに、例題のような構造にすると、まず There の次に be 動詞を正しい形で置き(この場合 is)、そのあと、関係詞を正しく選択し(この場合 who)、さらにそのあと、その関係詞にあわせて動詞の数と時制と相を選択する(この場合 go)という、ややこしい文法的操作が必要になり、全体的に冗長な感じの構文ができあがってしまいます。

Improved

Many Japanese students go to the British countryside for a homestay. (11 words)

> 実践演習

次の英文を無駄のない英語になるように直しなさい。(Model Answersは p. 158)

1. There were three tanks that were destroyed by the terrorists.
2. There is a girl in my class who recently won the first prize in the English speech contest.
3. There are some people who are keen on criticizing others.

Example 60　仮主語 It の構文

- 気の合った友達と一緒にカラオケで歌うのは気持ちがくつろぎます。
- *It* is very relaxing *to* sing *karaoke* with good friends. (10 words)

> Comments

　いわゆる仮主語の It を立て、そのあとで that 節や to 不定詞を置く構文は英語では一般的なものです。この仮主語 It の構文は、とりあえず主語と述語の形式を示して「何がどうした」という情報を先出しし、「何が」にあたる部分をあとで具体的に述べるという構造的特徴があります。**この仮主語 It の構文は、話し言葉などで、考えながら話しているときにとりあえず It で発話を開始しておき、そこで時間を稼いで考えついた内容を to 不定詞などで表すことができるので、使い勝手のよい便利な構文といえます。**

　また、特に「何が」にあたる部分が情報量が多く、長々とした語句で表さなければならない場合、それをそのまま主語に立てるといわゆる top-heavy（頭でっかち）構文になる可能性がありますが、この仮主語 It で文を始めることによって、ダラダラと主語が続くサスペンス（引っ張り感）を避けることができます。

無用のサスペンスを避けるという意味でも仮主語 It の構文は有益ですが、特に書き言葉の場合、「何が」にあたる部分の情報量が少なく、比較的短い語句ですむ場合は、仮の It で始めず、むしろそれをそのまま主語に立てるほうが、少なくとも語数の点からは、より簡潔な文章になります。例題の英文の場合、「何が」にあたる to 以下の内容は別に長いというほどのものではないので、全体の簡潔性という観点から、ここでは単文の S + V 構造にするほうをお勧めします。

Improved

Singing karaoke with good friends is very relaxing. (8 words)

［注］ここでは述語が 3 words で、主語が 5 words ですが、述語に対して主語がこの程度の語数ならば top-heavy とはいえない、ごく普通の主語の立て方といえます。Top-heavy でしかもスタイル的に重くてかたい印象の文は、たとえば that 節を主語として立てた次のような文です。

- That productivity declines in a country as the number of elderly people increases is widely known.（高齢者が増えるにしたがって一国の生産性は落ちていくという考えは広く知られている）

  この文では述語 3 words に対して主語 13 words で、かなり top-heavy な印象があります。この文の場合はむしろ仮主語 It を立てた以下のような文章のほうが、文としての均整が感じられます。

- It is widely known that productivity declines in a country as the number of elderly people increases.

実践演習

次の英文をより簡潔な形にしなさい。(Model Answers は p. 159)

1. It is an important thing that you should try to get along with your colleagues.
2. It is very interesting to teach English to small children.
3. It is a desirable thing that you can play the piano well.

Example 61 文修飾副詞の使い方

- アメリカ政府が北朝鮮に対して妥協する意思がまったくないことは明白である。
- *It is obvious* that the U. S. government has no will to compromise with North Korea. (15 words)

Comments

例題の英文も仮主語の It で始まっている構文で、これはこれで文法的には何の問題のない文ですが、It is の次に置かれている語句次第では、いわゆる文修飾副詞を文頭に置く形にしたほうが、文章がより簡潔になる場合があります。たとえば、形容詞の **clear, evident, strange, surprising, fortunate, unfortunate** などは副詞の形にして、文頭に置くことで簡潔な印象の文ができあがります。

Improved

Obviously, the U.S. government has no will to compromise with North Korea. (12 words)

実践演習

次の英文を文修飾副詞を使ってより簡潔な形にしなさい。(Model Answers は p. 159)

1. It was strange that the visitor disappeared quite suddenly as if by magic.
2. It was unfortunate that I had little chance to learn English when I was a student.
3. There is no doubt that China will be the largest car market in the near future.

簡潔で無駄のない表現

Example 62　名詞のあとに置かれる分詞

- この城は 15 世紀に建てられた大変古い城です。
- This is an ancient castle *which* was built in the 15th century. (12 words)

Comments

一般的に、日本人英語学習者は不必要に関係代名詞節を多用し、いわゆる後位分詞をうまく使えないことが多いようです。後位分詞というのは、名詞句のあとに直結する形で置かれている現在分詞や過去分詞のことをいいます。後位分詞を使うことで、関係代名詞とそれに伴う **be** 動詞を省略することができるので、その分簡潔な文章になります。

Improved

This is an ancient castle *built* in the 15th century. (10 words)

実践演習

次の英文を後位分詞を使って、より簡潔な形にしなさい。(Model Answers は p. 159)

1. These are the cars which were stolen three days ago.
2. Do you know the girls who are dancing in the street?
3. I visited the computer software company that was set up in 1998.

Example 63 名詞のあとに置かれる形容詞

- 日本語の「義理」に意味がよく似ている英語表現を知っていますか。
- Do you know any English expression *that is* similar in meaning to the Japanese *giri*? (15 words)

Comments

Example 62 では後位分詞がうまく使えない人が多いという話をしましたが、同様に後位形容詞もなかなかうまく使えないようです。後位形容詞というのは、expensive cars の expensive のように限定的に名詞にかかるのではなく、名詞句のあとに直結する形で置かれている形容詞のことをいいます。後位分詞の場合と同様、後位形容詞を使うことで、関係代名詞とそれに伴う be 動詞を省略することができるので、それだけ簡潔な文章になります。

Improved

Do you know any English expression *similar* in meaning to the Japanese *giri*? (13 words)

実践演習

次の英文を後位形容詞を使ってより簡潔な形にしなさい。(Model Answers は p. 159)

1. This is an aspect that is peculiar to Japanese culture.
2. I heard about the brutal murder that was quite shocking to all the people in the neighborhood.
3. Don't you know anyone who is familiar with the history of this old town?

Example 64　関係詞を適切に省略する

- その報告書には私がまったく知らない多くの事柄について述べられていることがわかりました。
- I realized that the report described a lot of things *which* I was quite unfamiliar with. (16 words)

Comments

文法的な事柄ですが、**目的格の関係代名詞は省略可能です**。Example 62と関連しますが、日本人の英語学習者は、例題のような関係代名詞の省略も苦手な人が多いようです。非常に形式ばった文体、たとえば学術論文などの場合は別として、一般的なライティングの場合、目的格用法の関係代名詞は省略されることが多いということを覚えておくとよいでしょう。

Improved

I realized that the report described a lot of things *I was quite unfamiliar with*. (15 words)

実践演習

次の日本文を自然な英語に直しなさい。(Model Answers は p. 160)

1. 先日私が会った人々はみんな英語の先生だった。
2. 数年前まで私が働いていたその会社は現在業績不振ということです。
3. 私が昨夜一緒にお酒を飲んだ人は有名な哲学者です。

Example 65　不定詞句の代わりに前置詞句を使う

> - ケイトはうつ病のカウンセリングを受けるために、その精神科医のところに行きました。
> - Kate went to see the psychiatrist *in order to get* counseling for depression. (13 words)

Comments

英語の前置詞は、不定詞句(動詞句)の表す意味をになう場合があります。その場合、わざわざ不定詞を使わずに、前置詞を使うことで簡潔な印象の文ができあがります。

Improved

Kate went to see the psychiatrist *for* counseling for depression. (10 words)

実践演習

次の日本文を、前置詞を有効に使って簡潔な英文に直しなさい。(Model Answers は p. 160)

1. クラークは就職のためにニューヨークに行った。
2. 夢の中で私は恐怖に駆られて思わず叫び声をあげていた。
3. そのとき私はなんといってよいかわからず困ってしまった。

簡潔で無駄のない表現

Example 66　that 節の代わりに不定詞構文を使う

- 大切なことは日本政府がその国の指導者たちともっと話し合うように努力することだ。
- What is important is *that the Japanese government should try to communicate more with the leaders of that country.* (19 words)

Comments

　日本人学習者の英語は一般的に that 節が多くなる傾向があります。この原因のひとつはおそらく、日本語では「～が...ということ」のような、「こと」的な表現が多いからではないかと思われます。そのことが、「主語＋述語」の構造で物事を表そうとすること(ここでも使ってしまいましたが)につながっている可能性があります。**簡潔な英文、という観点からは that 節の多用は控えることを勧めます**。ここでは that 節の代わりに 'for ＋ 意味上の主語 ＋ to do' の、前置詞 for が導く不定詞構文を使って、より簡潔な英文に直します。

Improved

What is important is *for the Japanese government to try to communicate more with the leaders of that country.* (19 words)

　　［注］語数は 19 で同じですが、that 節のダラダラ感がなくなって引き締まった印象があります。

実践演習

　次の英文を、前置詞を有効に使って簡潔にしなさい。(Model Answers は p. 160)

1.　What is needed in this crisis is that each of you should play

your own role in restructuring the system.
2. The most important thing is that students should learn to think for themselves.
3. It is essential that the whole nation should face up to what's going on at home.

Example 67　関係代名詞節を前置詞句で表す

- 私たちは英語の運用力の高い人を必要としています。
- We need someone *who has a good command of English.* (10 words)

Comments

関係詞節のあり方もいろいろです。たとえば The person who gave me this gift is Mr. Jones. (このプレゼントを私にくれた人はジョーンズさんです)のような who 以下の関係代名詞節を前置詞句で置き換えることはできませんが、someone who has ... のような所有を表す関係詞節は、場合によっては前置詞 with を使ってより簡略に表すことが可能です。

Improved

We need someone *with a good command of English.* (9 words)

実践演習

次の英文を、前置詞を有効に使って簡潔にしなさい。(Model Answers は p. 161)

1. Those who were summoned at the meeting were the ones who had a working knowledge of French.
2. We need people who have some teaching experience in

America.
3. Do you know the woman who is wearing *kimono*?

Example 68 　関係代名詞節を不定詞句で表す

- あの嵐の夜、平原では何ひとつ見えなかった。
- That stormy night, there was nothing *that could be seen* on the plain. (13 words)

Comments

名詞を修飾する、いわゆる形容詞用法の不定詞を使うことで、簡略化した表現になります。英語ではどうしても関係詞節で表さないとうまくいかない場合はもちろん多くありますが、関係詞節というのは、関係詞の選択、そのあとの関係詞構文の時制、数などを考えなければならない分、手間がかかります。もし関係詞構文を使わずにすむならばそれにこしたことはありません。

Improved

That stormy night, there was nothing *to be seen* on the plain. (12 words)

実践演習

次の英文を、不定詞を有効に使って簡潔にしなさい。(Model Answersはp. 161)

1. This is not a subject that should be taught to small children.
2. William Adams was the first Englishman who landed in Japan.
3. Jennifer had a lot of friends who supported her.

Example 69 関係副詞節を不定詞句で表す

- 教室は勉強するところです。おしゃべりするところじゃありません。
- The classroom is a place *where you should work*; it's not a place *where you talk*. (16 words)

Comments

関係副詞節もたとえば、The village, *where I used to live*, is now at the bottom of the lake. (私が昔住んでいた村は今は湖の底です) などの用法では他の構造で置き換えることはできませんが、上記のような場合は to 不定詞を使うことで簡略化できます。

Improved

The classroom is a place *to work*, not a place *to talk*. (12 words)

［注］ a place to work, a place to talk は、文法的には a place to work *in* や a place to talk *in* のように、work in a place や talk in a place という意味構造での前置詞の in が省略された形と見ることができます (名詞が place, space の場合、一般的には a place to play baseball のように使い、in は省略します)。

実践演習

次の英文を、不定詞を有効に使って簡潔にしなさい。(Model Answers は p. 161)

1. We need some space where we can build a new airport.
2. This is not a place where you drink.
3. Do you have any space in your room where you can put this electronic piano?

Example 70　関係代名詞節を「形容詞 + 名詞」で表す

- われわれは英語を母語とする人物を必要としている。
- We need someone *whose first language is English.* (8 words)

Comments

前の 2 つの Example で関係詞節を不定詞句で置き換えてより簡潔な形にするやりかたを見てきましたが、今度は関係詞節を「形容詞 + 名詞」で置き換えることで、無駄の少ない表現を考えてみます。例題は、このままでもまったく問題のない英文ですが、より簡潔にするには、以下のように書き換えることができます。

Improved

a. We need *a native English speaker.* (6 words)
b. We need *a native speaker of English.* (7 words)

実践演習

次の英文のそれぞれ someone, a man, a woman 以下を「形容詞 + 名詞」の形にして全文をより簡潔にしなさい。(Model Answers は p. 162)

1. We need someone who can speak English fluently.
2. John is a man who has traveled a lot.
3. Meg is a woman who makes little concession in negotiation.

Example 71　how to do を効果的に使う

- ケリーは仕事を始めてまだ何時間もたっていない状況だったので、どういうふうにすればいいのかわからなかった。
- Kelly started his job just a few hours ago, so he had no idea about *how he should do it*. (20 words)

Comments

英語の不定詞は、分詞・動名詞と並んで準動詞と呼ばれますが、**その特徴は時制・数・人称に左右されず常に一定の形で使えるという点です。**不定詞句を有効に使うことで、無駄の少ない文を作り上げることができます。ここでの英文では 'how + 主語 + 述語' の形で、how の次に節を置いた形ですが、これを how to do の形にすることで、より簡潔な印象が生まれます。

Improved

Kelly started his job just a few hours ago, so he didn't know *how to do it*. (17 words)

実践演習

次の日本文を、不定詞句を有効に使って簡潔な英文に直しなさい。
（Model Answers は p. 162）

1. すみませんがどこに行けばいいのか教えてくれませんか。
2. 私は今ここに着いたばかりなので何をしたらいいのか、いつから始めるのかぜんぜんわかりません。
3. 私は、来月末までには、このまま日本にとどまるかどうか決めなくてはなりません。

簡潔で無駄のない表現

Example 72　too ... to ～ を効果的に使う

- 一日の仕事を終えて帰宅すると、疲労のため何もできません。
- When I get home after a day's work, I'm *so tired that I can't do anything*. (16 words)

Comments

「とても ... なので～する（～できない）」という意味は、'so ... that + S + V' で表すことができますが、to 不定詞を使って同じ意味をより簡潔に表すことができます。

Improved

When I get home after a day's work, I'm *too tired to do anything*. (14 words)

実践演習

次の日本文を、too ... to ～ の不定詞句を有効に使って簡潔な英文に直しなさい。（Model Answers は p. 162）

1. 君は中学生だな。タバコはまだちょっと早いぞ。
2. 英字新聞はむずかしくて私にはまだ読みこなすのは無理です。
3. Shirley は恥ずかしがりやなので、人前でのスピーチはちょっと無理です。

Example 73 無生物主語構文の簡潔さ

- あなたが協力的だったので、私たちは多くの時間と労力を省くことができました。
- Because you were cooperative, we could save a lot of time and energy. (13 words)

(Comments)

　無生物主語構文は簡潔で引き締まった文体を作りだす効果があります。ここでは簡潔性に焦点を合わせてこの構文を見てみたいと思います。例題の英文をより簡潔にするには、「あなたが協力的だったので」という原因・理由にあたるところを文の主語として全体を作り変えます。それによっていわゆる無生物主語構文ができあがります。

● Improved ●

　Your cooperation saved us a lot of time and energy. (10 words)

● 実践演習

　次の英文を、無生物主語を使って簡潔な形に直しなさい。(Model Answers は p. 162)

1. Thanks to the development of medicine, human beings have become able to stay young.
2. Because the driver was careless, the terrible railroad accident happened.
3. When the result of the survey was made public, it was made clear that the majority of Americans believe that the United States will remain the only superpower in the 21st century.

Example 74　the fact that ... の使い方

- 田中先生は紙の辞書を使っている学生がどんどん減ってきているという事実を指摘した。
- Mr. Tanaka pointed out *the fact that* fewer and fewer students are using printed dictionaries. (15 words)

Comments

英語の fact は確かに同格の that 節をあとに従えることができますが、例題の point out のように、that 節を目的節としてとることのできる動詞句(例: show, recognize, remember) のあとにわざわざ the fact を置く必要はありません。

一般的に、the fact that ... は冗長な印象があるので、なるべく避けたほうがよいでしょう。ただし、たとえば、care about や despite などのように、そのあとに直接 that 節をとれない動詞句または前置詞句のあとに、「～は(が)～である」のような「主語 + 述語」的内容を置きたいときは、the fact that ... でつなぐのが有効です。以下の例文を参照してください。

- She told herself she did not care about the fact that he was already married. (BNC)(彼が既婚者であるという事実を気にかけまいと、彼女は自分にいい聞かせた)
- Despite the fact that we don't hear so much about AIDS these days, the problems are increasing. (BNC)(最近あまり AIDS について耳にしなくなったという事実はあるが、問題は大きなものになっている)

Improved

Mr. Tanaka pointed out *that* fewer and fewer students are using printed dictionaries. (13 words)

> 実践演習

次の英文を、簡潔な形に直しなさい。(Model Answers は p. 163)
1. John admitted the fact that he had neglected his family.
2. Mr. Tanaka told me the fact that my father had been imprisoned.
3. Fiona still can't accept the fact that her mother is dead.

Example 75　few を効果的に使う

- 多くの国が、自国の社会体制をもっと環境にやさしくすることに熱意がない。
- *Many* countries are *not* keen on making their social systems more eco-friendly. (12 words)

> Comments

　例題の英文は別に間違いではありませんが、**many** と **not** の組み合わせがやや冗長な構造を作り出しています。ここでは、「数少ない国が自国の社会体制をもっと環境にやさしくすることに熱意がある」と考えて、以下のように Few countries を主語として立てるほうがより簡潔な構文ができあがります。

> Improved

　Few countries are keen on making their social systems more eco-friendly. (11 words)

> 実践演習

次の日本文を few を使って簡潔に英訳しなさい。(Model Answers は p. 163)
1. 多くの日本の高校生は理系科目が好きではありません。
2. 多くのアメリカ人は外国語修得に関心がありません。
3. たいていの台風は北海道を直撃しません。

Example 76　little を効果的に使う

- あの家族はご近所と仲良くやっていくことにあまり関心を示さない。
- That family do [does] *not* show *much* interest in getting along with their neighbors. (13 words)

Comments

Example 75 の場合と同様、上の英文は文法的に見て別に間違いではありませんが、**not** と **much** の組み合わせがやや冗長な構造を作り出しています。ここでは、「あの家族は . . . に少ない関心を示す」と考えて、以下のように 'X show little interest in . . .' の構造にしたほうがより簡潔な印象の構文ができあがります。

Improved

That family show(s) *little* interest in getting along with their neighbors. (11 words)

　［注］family はイギリス英語では複数扱い、アメリカ英語では単数扱いになる傾向があります。

> **実践演習**

次の日本文を little を使って簡潔に英訳しなさい。(Model Answers は p. 163)
1. その発展途上国では、人民を食べさせるのに多くの金が使われていない。
2. 人々はこれまでテロからどうやって自分の身を守るかにあまり注意を払ってこなかった。
3. 最近の若者は出世することにあまり関心を示しません。

Example 77　one of 〜 の使い方

> - きのう話し合われた重要な議題のひとつは学生の海外英語研修をどのように促進するかということでした。
> - *One of the important things that was* discussed yesterday was about how to encourage students to study English abroad. (19 words)

Comments

例題の英文は、文法的には不自然なところはありません。ただ、One of the important things that was ... の部分は、関係代名詞 that の先行詞が文頭の One であることは納得できますが、that の直前に things という複数名詞が置かれ、関係詞の直後は was という単数呼応の動詞形なのが、少し気になるかもしれません。**reader-friendly** な表現の仕方という観点から、関係詞と先行詞の距離はなるべく小さいほうがよい、ということがいえます。さらに経済的な表現の仕方はどうあるべきかという点を考慮すると、次のような別の書き方が考えられます。

Improved

One important thing that was discussed yesterday was about how to encourage students to study English abroad. (17 words)

実践演習

次の日本文を関係詞と先行詞の距離に留意して簡潔に英訳しなさい。
（Model Answers は p. 164）

1. ドイツを出るという彼の決断に影響を与えた重要なファクターのひとつは、ドイツ国内の経済状態の悪化です。
2. 政府が直ちにやらなければならない緊急課題のひとつは雇用を増やすことです。
3. なぜうちの大学の学生数がへってきたかということの理由のひとつは、学長が全然経営のことをわかってないからです。

Example 78 : if を使わない条件・仮定の表し方

- もしタクシーを使えば 20 分で空港に着きます。
- *If you take a taxi*, you'll get to the airport in twenty minutes. (13 words)

Comments

英語では if で表すような条件的・仮定的内容を、if を使わず、「不定冠詞 + 名詞」（あるいは「無冠詞 + 複数名詞」）で表すことができます。例題では、If you take a taxi を A taxi とすることで、「もしタクシーがあって、それに乗れば」という意味を表すことができます。If から始まっている例題の例文は文法的には何の問題もありませんが、次のように書くことでより簡潔な英文になります。

Improved

A taxi will take [get] you to the airport in twenty minutes. (11 words)

実践演習

次の日本文を if 節を使わず、簡潔に英訳しなさい。(Model Answers は p. 165)

1. 電車に乗れば 30 分で新宿に着きます。
2. まともな教師なら学生にそんなことはいわないでしょう。（まともでないという前提がある場合）
3. もっと理解のある親だったら私のイギリスひとり旅を認めてくれていただろう。

簡潔で無駄のない表現

Chapter 4

語句や文の自然な配列

日本語でも英語でも、ひとつの文を作り上げる場合、文中の語句の配列が正しく、しかも自然で調和のとれたものであることが理想的です。また文と文の組み合わせについても同じことがいえます。文と文の組み合わせについては、文中の語句の組み合わせ以上に、いわゆる論理性を大切に考える必要があります。論理的な文章は、文章中の各要素が自然に調和し、論の展開に無理がなく、論が自然に積み重ねられている印象があります。逆に非論理的な文章の場合、論の停滞、循環、飛躍などが見られ、各要素同士の自然な調和が失われています。

　この章では、ライティングにおける、英語のセンテンスの各要素の配列に関して、個別の問題を見ていくことで検討し、次に、特にセンテンスとセンテンスの論理的関係という観点から、センテンス間の配列のあり方などを見ていきます。英文を構築する際、どういう要素配列が自然で調和のとれたものなのか、ということを検討していきます。この章でポイントとなるコンセプトは「意味のまとまり」「言葉の自然なつながり」「論理性」などです。

Example 79　受身文での by 〜 の位置

- その外国人留学生たちは英語の集中特訓を受けるように指導教官から勧められた。
- Those overseas students were recommended to have an intensive training of English *by their supervisors*.

Comments

by their supervisors の位置がよくありません。この位置だと、前置詞 by の意味が変化して、「〜によって」ではなく「〜のそばで」ともとれます。つまり「その外国人留学生たちは指導教官のそばで英語の集中特訓を受けるように勧められた」とも解釈でき、意味が曖昧になります。この曖昧さを防ぐには、by their supervisors を recommended by their supervisors のように、recommended の直後に置いて、「指導教官から勧められた」という sense unit（意味のまとまり）を作り上げる必要があります。

Improved

Those overseas students were recommended *by their supervisors* to have an intensive training of English.

実践演習

次の英文を、sense unit の観点から適切な語順になるよう書き換えなさい。(Model Answers は p. 166)

1. I was asked to be more generous by Alex.
2. The soldiers were ordered to stay in the front line by the general.
3. The foreigners were ordered to leave the country as soon as possible by the government.

Example 80 at least の位置

- 空港までは少なくとも 2 時間はかかります。
- It takes two hours to get to the airport, *at least*.

Comments

「意味のまとまり」の観点からは、at least はこの場合 two hours のなるべく近くにおいて、「少なくとも 2 時間」というまとまったユニットを構成する必要があります。

Improved

a. It takes *at least* two hours to get to the airport.
b. It takes two hours *at least* to get to the airport.

［注］at least は以下の例文のように、文全体にかかる働きがあるときは文頭（あるいは節の頭）に置かれるのが普通です。

- *At least* you should have done that assignment. （（他のことはともかく）せめてその宿題だけはやっておくべきだったな）
- The recent trip wasn't particularly good, but *at least* it was inexpensive. （今回の旅行は特によかったわけではないが、とにかく（少なくとも）安かった）

実践演習

次の文を、at least を適切に使って英文に直しなさい。（Model Answers は p. 166）

1. 私は若いころ、少なくとも月に 3 回は映画を見に行っていました。
2. 君は少なくとも毎日 30 分は英語の勉強をすべきだよ。
3. 君は少なくともあいさつぐらいは田中先生に対してするべきだったな。

Example 81　from ～ の位置 (1)

- 今回のイギリスのその小さな町への旅行で、土地の人たちとのふれあいを通して、われわれの町にとって将来有益なたくさんのことを学んだ。
- On our recent trip to a small town in Britain, we learned a lot of things that would be beneficial to our community *from the locals we met*.

Comments

英語の動詞句 'learn X from Y'（Y から X を学ぶ）はごく一般的な表現ですが、例題のように、from Y に対して X がかなり長い場合、動詞 learn と近接して意味のまとまりを形成するはずの from Y が動詞から離れすぎることになり、全体の均整が失われます。こういう場合は 'learn **from Y** X' という語順の入れ替えがより自然です。このような**全体の均整**を考えての語順の入れ替えは 'learn X from Y' の場合だけでなく、たとえば、'put X on [in] Y'、'lead X to [into] Y' などの他動詞句に前置詞句が付随する構文では、X と Y の長さの比率によって同じように発生します。

Improved

On our recent trip to a small town in Britain, we learned *from the locals we met* a lot of things that would be beneficial to our community.

実践演習

次の日本文を、動詞と前置詞句の距離を考慮して自然な英語に直しなさい。（Model Answers は p. 166）

1. 大統領は多くの時間と精力が必要になるであろうその仕事を彼にま

かせた。(leave を使う)
2. Jane は 20 ドルで横丁の花屋で買ってきたバラをテーブルの上に置いた。(put を使う)
3. Jack は今世界中から注目を集めている若手指揮者を私に紹介してくれた。

Example 82　from ～ の位置 (2)

- ここからプリンセス・ストリートまで 30 分くらいです。
- It will take you about thirty minutes to go to Princess Street *from here*.

Comments

「～から」という起点を表す前置詞の from と到達点を表す前置詞の to を組み合わせる場合、to Y from X ではなく、一般的には 'from X to Y' という形が最も自然です。

Improved

It will take you about thirty minutes to go *from here* to Princess Street.

実践演習

次の日本文を、前置詞 from の用法に注意して自然な英語に直しなさい。
(Model Answers は p. 167)
1. これは Joan からあなたへの贈り物です。
2. 飛行機で東京から福岡までは 1 時間半くらいです。
3. ここからロンドンまで車で 6 時間くらいです。

Example 83　時を表す副詞をどこに置くか (1)

- きのうワトソン先生のクラスをサボってしまった。
- *Yesterday*, I skipped Mr. Watson's class.

Comments

　英語の時を表す副詞は一般的には文末（節末）に置かれることが多いですが、日本人学習者の場合、「きのう私はJohnと会いました」などのように、一般的に時を表す副詞が文頭に来る日本語の語順の影響もあるためか、英文を書くときでもyesterdayを文頭に置いて文を始めることがよくあります。例題では、別にyesterdayを強調的に前に置く理由はなく、意味のまとまりとして考えても、「きのうのワトソン先生のクラス」と考えて文末に置くのが自然です。この、時を表す副詞の通常の位置ということでは、yesterdayだけではなくtomorrow, this afternoon, this morning, in January, at three o'clockなどの時を表す副詞表現に一般的に当てはまります。

Improved

I skipped Mr. Watson's class *yesterday*.

実践演習

　次の日本文を、時を表す副詞の位置に注意して自然な英語に直しなさい。
（Model Answersはp. 167）

1. きのう私はずっと家にいました。
2. きのうJohnと一緒にお昼を食べました。
3. きのう交通事故にあってしまいました。

Example 84 時を表す副詞をどこに置くか (2)

- 日本社会は 20 年後にはいろんな面で大きく変わっているであろう。
- Japanese society will have drastically changed in many respects *twenty years from now.*

Comments

例題の英文はこのままでも、別に不自然というわけではありませんが、この場合「意味のまとまり」の観点からすると、時を表す副詞である twenty years from now が密接に関連しているのは changed という動詞句と、この文の主語である Japanese society です。読みやすさという点からは、「20 年後の日本社会」というまとめ方をしたほうがこの場合はより自然な感じがします。上記の英文は文全体がやや長く、Japanese society と twenty years from now の距離が少しあるので、この場合は両者を直結するのがよりまとまった書き方といえます。

Improved

Japanese society *twenty years from now* [*in twenty years*] will have drastically changed in many respects.

［注］Twenty years from now, the Japanese society will have... のように、文頭に出しても問題はありませんが、上のような書き方のほうがより自然です。ただし、たとえば I will have greatly changed twenty years from now. のように、文全体が短い場合、twenty years from now のような時を表す副詞は、文末が最も自然な位置といえます。

実践演習

次の日本文を、thirty years from now を適切に使って英文に直しなさい。(Model Answers は p. 167)

1. 日本の教育制度は 30 年後には現在とはずいぶん違ったものになっているであろう。
2. この村は 30 年後も今とほとんど変わらないだろう。
3. 30 年後には私はもうこの世にはいません。

Example 85　時を表す副詞をどこに置くか (3)

- 最近、戦時中において中国と日本の間に何があったかを正確には知らない日本の若者が多くなっている。
- Many young Japanese do not know exactly what happened between China and Japan during the war *these days*.

Comments

Example 83, 84 で時を表す副詞が一般的には文末に置かれること、さらに、意味のまとまりを考えて位置を決める必要があることを見てきましたが、その 2 つのポイントのほかに、曖昧さを避ける、ということに留意して時を表す副詞の位置を決める必要がある場合もあります。例題では、原則どおりに文末に時を表す副詞を置いていますが、主動詞 know の目的節の中に、happened という動詞が埋め込まれていて、距離的にはこの happened と these days が近いこともあって、この場合 these days がどこにかかるか、まったく不明瞭です。次のように時を表す副詞の位置を変えて曖昧さをなくす必要があります。

Improved

Many young Japanese *these days* do not know exactly what happened between China and Japan during the war.

［注］ここでは these days の代わりに today も可です。また、These days,

many young Japanese ... のように、文頭に時を表す副詞を置くこともできます。

実践演習

次の日本文を、時を表す副詞の位置に注意しながら英文に直しなさい。
(Model Answers は p. 168)
1. 今の日本人は 20 年前に比べて幸福感が薄くなっている。
2. 最近の学生は自分が何をやりたいかわかっていないのが多い。
3. 最近の日本の子供たちは昔に比べて覇気がなくなっている。

Example 86　時を表す副詞をどこに置くか (4)

- 「あしたはあなたはどこにいますか？」「あしたは John のところにいます」
- "Where will you be tomorrow?" "I'll be at John's place *tomorrow*."

Comments

Example 83 では yesterday を例に、通常の場合の時を表す副詞の位置について考えてみましたが、ここでは tomorrow を例にとって、前の文を受ける形のときはどこに置くのが妥当かを考えてみます。最初の文では tomorrow は通常の位置である文末に置かれていますが、あとの文では tomorrow はすでに出されている旧情報なので、受け答えの自然さ、という観点からはまず tomorrow を先に出して、その後新情報である 'I'll be at John's place' を置くのがいいでしょう。

Improved

"Where will you be tomorrow?" "*Tomorrow*, I'll be at John's place."

［注］あとの文の Tomorrow は省略することもできます。

実践演習

次の日本文を、前の文と後ろの文のかかり受けに注意して自然な英語に直しなさい。(Model Answers は p. 169)
1. 「あしたはあなたは何をするつもりですか」「あしたは好きなビデオを家で見ます」
2. 「あしたの午後はあなたはどこにいますか」「あしたの午後は私はエディンバラ (Edinburgh) 行きの列車に乗っているでしょう」
3. 「きのうの午後は何をしていましたか」「きのうの午後はカラオケで友達と楽しく歌ってました」

Example 87　時を表す副詞をどこに置くか (5)

- 論文のコピー3部とフロッピーディスクを7月31日までに城南学院大学共通教育係まで提出のこと。
- You are expected to submit three printed copies of the paper along with a floppy disk to Jonan Gakuin University General Education Office *by July 31.*

Comments

Example 83 で、一般的に時を表す副詞は文末に置かれることが多いといいましたが、特に締め切りの日時など、重要な情報はなるべく前の箇所に置いたほうがいい場合があります。特に、例題の英文のように文全体が長い場合、締め切り情報が文末にあると読者へのインパクトが薄い感じがします。

語句や文の自然な配列

> Improved

You are expected to submit *by July 31* three printed copies of the paper along with a floppy disk to Jonan Gakuin University General Education Office.

> 実践演習

次の日本文を、時を表す副詞を強調する形にして、自然な英語に直しなさい。(Model Answers は p. 169)

1. 3月31日までにあなたの署名入りのその文書を以下の住所に送ってください。
2. （危機的な状況はいつ去りますか、という問いに対して）10月末までには消えているだろう。
3. その学者たちは8月30日までにその放射能汚染（radioactive contamination）に関する研究結果を環境庁（the Environmental Agency）に送ることになっている。

Example 88　時を表す副詞をどこに置くか (6)

- 最近体調がよくありません。
- *Recently*, I've been ill.

> Comments

時を表す副詞は、副詞という性質上、位置が比較的自由ですが、文のつりあいや、動詞句との関連でその場所を考えたほうがいい場合もあります。例題の英文は文全体が短く、その上、動詞句に現在完了時制が使われています。このような場合、時を表す副詞 recently は、文頭、文末のほかに、文中に置くことができます。この例文の場合、前文とのからみで特に recently を強調する必要がないとすれば、文全体のつりあいから考えて、以

下のように、文中に置くのが自然な感じです。

🔵 Improved 🔵

I've *recently* been ill.

🔵 実践演習 🔵

次の日本文を、recently を使って自然な英語に直しなさい。（Model Answers は p. 169）
1. ここのところ、Mike はずっとがんばっているよ。
2. 私は最近 Tom に会いました。
3. どういうわけか、最近私は気分が落ち込んでいます。

Example 89　however の位置

- 古代では 100 歳まで生きることができるような人は非常に少なかった。しかし現代では多くの国で 100 歳以上の人が少なからずいる。
- In ancient times very few people could expect to live for a hundred years. *However*, in many countries today, there are quite a few centenarians.

🔵 Comments 🔵

接続詞的に使われる **however** は、**but** と異なり、位置が比較的自由で、文頭、文中、文末に置くことが可能です。この 3 つの位置では文末が比較的まれで、文中、文頭に置かれることが多いです。一般的には however は、たとえば However hard I try（どんなにがんばってみても）などのように、譲歩節で使われることも考えると、「しかしながら」の意味で接続詞的に用いる場合は、文中にコンマで区切って置くことが曖昧さを避け

語句や文の自然な配列

る意味でも無難といえます（文頭に However があると、それだけ見た場合それが「しかしながら」の意味の接続詞的用法か、「どんなに〜しても」の意味での譲歩的用法なのか紛らわしいといえます）。

Alternative

In ancient times very few people could expect to live for a hundred years. In many countries today, *however*, there are quite a few centenarians.

実践演習

次の日本文を、however を使って自然な英語に直しなさい。（Model Answers は p. 170）

1. 一般にアメリカ人は現実主義的（pragmatic）だといわれている。しかし中にはアメリカ人は現実主義的であるより以上に精神主義的（spiritual）だという人もいる。
2. アメリカでは e-learning はありふれたものになってしまっている。しかし日本では普及するにはもう少し時間がかかるであろう。
3. 学校では多くの学生が英語を勉強している。しかし学校を出たあと、さらに英語の勉強を続ける者は非常に少ない。

Example 90　単文の並列を避ける

- 健二は気立てのいい若者です。彼はいつも親切で思いやりがあります。
- Kenji is a pleasant young man. He is always kind and caring.

Comments

英語の構文は、接続詞や関係詞を多用する複雑な構文よりも、一般的には単純な「主部＋述部」の構成のほうがより簡潔で望ましいといえます。しかし、逆に単純な主語と述語だけのセンテンスを、ピリオドをはさんで繰り返すのも、スタイル的にはぎこちない印象を与えます。それを避けるためには、複数の単文をひとつのセンテンスにまとめるほうがよい場合があります。例題の英文では、名詞句のあとに形容詞や分詞を後置する形で、スムーズな文構造が作れます。

Improved

Kenji is a pleasant young man, *always* kind and caring.

実践演習

次の英文を上記の例にならって書き直しなさい。（Model Answers は p. 170）

1. George was a violent guy. He was always cruel and savage.
2. Keiko is a very eager student of astronomy. She shows a lot of interest in the structure of the universe.
3. Mrs. Tailor was an inexperienced teacher. She knew little about how to teach English to Japanese students.

Example 91　従属節の主語の扱い方

- 太平洋戦争で敗れたあと、日本は戦争放棄した。
- After *Japan* lost the Pacific War, *it* renounced war.

Comments

英語では、主節と従属節で主語が同一である場合、同じ名詞を反復することは避けなければいけません。その場合、主節ではなく従属節で主語を代名詞化するのが普通です。例題では Japan を従属節で使い、主節で代名詞 it を使っていますが、これを逆にして Japan renounced war after it lost the Pacific War. とするのが英語としては自然です。しかし例題のように、After で始まる従属節を前に出すとすれば、以下のように従属節の主語を省いた形にするのが自然です。

Improved

After losing the Pacific War, *Japan* renounced war.

実践演習

次の日本文を、主語の代名詞化に留意して英語に直しなさい。（Model Answers は p. 171）

1. 大学卒業後、Kate は見聞を広げる (broaden one's horizons) 目的でアジアのいくつかの国に旅行した。
2. 空港に着陸する直前にその飛行機は墜落してしまった。
3. 日本にいた間に、David は日本人のものの考え方や感じ方について多くのことを学んだ。

Example 92　同一語句の反復

- 私は近くの公園に行きそこでしばらく過ごしたあと、カフェに入って紅茶を飲んだ。
- I *went to* the park nearby *and* stayed there for a while, *and* then I *went to* a café *and* had some tea.

Comments

英語でも、日常会話などの一般的な話し言葉では、同一語句の反復が多く見られますが、ライティングに関しては、elegant variation（優雅な変奏）という考え方があります。これはなるべく同一語句の単調な反復使用を避けて、可能な限り、代名詞化、省略、類義語表現使用を試みることが正しい、とする英語特有の考え方です。この考えは、まったく別個の言語である日本語を普段使用しているわれわれにはなかなかなじまないものですが、英語を母語として文章を書く立場の人々にとっては、この elegant variation の原理に従うということが非常に重要という考えがあります。

このような観点から見ると、例題の英文は動詞句 went to が 2 回、接続詞 and が 3 回も使われていて、あまりよい書き方とはいえません。実際問題としては、英語のネイティブスピーカーではない日本人学習者の場合、繰り返しを避けることにそれほど極端に神経質になることもありませんが、この英文は以下のように書き換えるとよくなります。

Improved

I *went to* the park nearby *and* stayed there for a while. *Then* I had some tea at a café.

［注］英語ではここで扱った elegant variation が必ずしも絶対的な価値ということではありません。たとえばスピーチでは、聴衆の耳に打ち込むために、強調の目的で同一語句の反復が故意に行われることがよくあります。以下の

語句や文の自然な配列

文は名文家として名高いイギリスの哲学者・物理学者バートランド・ラッセルが核兵器廃絶を目的として書いたスピーチ原稿の冒頭部分ですが、not as を効果的に反復し、最後に but as でクライマックスを置く、修辞学でいう periodic sentence (掉尾文) の手法を用いています。

- I am speaking *not as* a Briton, *not as* a European, *not as* a member of a western democracy, but as a human being, a member of the species Man, whose continued existence is in doubt. (私はイギリス人としてではなく、ヨーロッパ人としてでもなく、西洋の民主主義国家の一員としてでもなく、ひとりの人間として、すなわち人類という種の一員としてお話をしているわけですが、その人類が存続できるかどうかが現在疑わしくなってきているのです)

実践演習

次の英文に見られる同一語句の反復を指摘し、反復を避ける形で文を書き直しなさい。(Model Answers は p. 171)

1. John came to my flat to talk to me about his future career, and then Ted came to my flat to ask me for some money.
2. I told him about the schedule in his room, and we moved to the cafeteria and I told him about our next project.
3. That university put an emphasis on promoting foreign language education for the purpose of making the students more internationally-minded, and made efforts to implement an e-learning system for the purpose of helping the students to learn foreign languages efficiently.

Example 93 文と文のつながりの自然さ

- アレックスはロンドン大学の医学部の学生で、中国の万里の長城に大変興味があります。
- Alex is a medical student at London University, *and is very interested in the Great Wall of China.*

Comments

文と文は、トピックの面でそれなりの自然な連結性（**coherence**）があるのが自然です。X というトピックで始めたとすれば、and という接続詞のあとには読者は当然その X というトピックに関連した X' のような内容が続くはずと期待しますが、それに反して Y というトピックが提示されると、読者としては期待を裏切られたような感じになります。

例題の場合、最初の文で、アレックスはロンドン大学の学生といっているわけですから、後半の文で何らかの、医学に関連した事柄を述べれば前半の文との内容的つながりが自然で滑らかなものになるはずですが、後半が中国の万里の長城では内容的に不釣合いで、自然なつながりとはいえません。

Improved

a. Alex is a medical student at London University, *and is very interested in newly developed treatments for cancer.*
b. Alex is a medical student at London University. He is very interested in the Great Wall of China.
   [注] 前半と後半をピリオドで区切ってまったく別個のセンテンスとしてしまえば、つながりの不自然さは幾分解消されます。
c. Alex, who is a medical student at London University, is very interested in the Great Wall of China.
   [注] この書き換えでは、who から London University までは従属節と

なるので、情報的には副次的になります。それ以外の部分が情報の主体となるので、主体情報中心の、それなりに統一のとれたひとつの文といえます。

実践演習

次の英文を上の例にならって、前半と後半が自然なつながりになるように書き換えなさい。(Model Answers は p. 172)

1. John is an excellent pianist, and lives in Paris with his sister.
2. I want to go to many different places in the world, and my dream is to become a movie star in Hollywood.
3. Japan is a mountainous country, and has a long history.

Example 94　従属接続詞の使いすぎ

- 最近寝たきりの人が増えてきているので、年をとったときでも健康でいたいなら、若いときにきちんと食事をしてたくさん運動をしておくことをお勧めする。
- As there are more and more bed-ridden people these days, *if* you wish to stay healthy even when you get old, I suggest that you eat well and do a lot of exercise while young.

Comments

例題の英文の構造は、日本文の構造の直訳のような感じがします。日本文のほうでは「〜なので、〜ならば、〜することを勧めます」という流れになっていますが、これは日本語の文の接続のあり方としてはごく自然な感じがするので別に問題はありません。

しかし英文のほうは、As に導かれた副詞節がまずあり、その次に別の if

副詞節がきて、その後ようやく I suggest で始まる主節が置かれるという構造になっています。一般に英文は、従属接続詞に導かれた副詞節を連続して使えば使うほど、文の明快さ、わかりやすさが失われていき、ダラダラした印象になりやすいものです。

例題の英文の場合、as 節と if 節を連続させない形にするとよくなります。

Improved

There are more and more bed-ridden people these days, so I suggest that those wishing to stay healthy even in old age should eat well and do a lot of exercise while young.

実践演習

次の英文を例題にならって、副詞節の数が減るように工夫しなさい。
(Model Answers は p. 172)

1. As there are many native speakers of English living in Japan, if you want to learn real English, I suggest you make friends with them.
2. Although Russia is a European country, when you look at Russian history, you will soon notice that it includes something alien to the histories of other European nations.
3. Now that the Japanese are less eager for success than before, whether they like it or not, they should be ready to accept a less comfortable life.

Example 95 語句の並列

- 料理と、携帯で友達とおしゃべりするのが私の趣味です。
- *Cooking* and *to chat* with friends on the mobile phone are my favorite pastimes.

Comments

　語句の並列とは、文中で、文法的に同じ働きをする要素を並べるということを意味します。たとえば文の主語にあたる部分が A, B, C と 3 つある場合、その 3 つの要素は並列語句ということができます。**スタイルの点から大切なのは、それらの並列語句の形を統一するということです。**（このことは Example 92 で述べた elegant variation（優雅な変奏）の原理、つまり同一語句の繰り返しをなるべく避けるという原則とはまったくレベルの異なるものですから注意してください。）

　並列語句の形式的統一という観点から見ると、上の英文は主語の部分の形式的統一がとれていません。〜ing 形と to 不定詞が並列されていて不調和になっています。英語では、主語としては to 不定詞よりも 〜ing 形が一般的ですから（Example 43 参照）、この場合、以下に示すように 〜ing 形で統一するのがいいでしょう。

Improved

Cooking and *chatting* with friends on the mobile phone are my favorite pastimes.

実践演習

　次の英文の中の並列語句を指摘し、形式的に統一しなさい。（Model Answers は p. 173）

1. To teach is one thing, but teaching well is another.

2. In Japan, being the same as other people is less difficult than to be different.
3. You should carry out the plan carefully and in an elaborate manner.

Example 96 コンマ、ピリオド、セミコロン、コロン

- ムーア博士は有名な天文学者です。これまでに3つの新しい星雲を発見しています。
- Dr. Moore is a famous astronomer, he has discovered three new galaxies so far.

Comments

例題の英文は前半の文（. . . famous astronomer まで）と後半の文（he has . . .）がコンマでつながれていますが、このコンマはいわゆる comma fault といわれるもので、本来ピリオド、コロン、セミコロンなどでつなぐべきところをコンマでつないだ場合にそう呼ばれます。たとえば、Although I knew he was a difficult person, I tried hard to get along with him. などのように、従属接続詞に導かれた副詞節と主節との間には、コンマが置かれることが普通ですが、例題の場合、2つの文の間には「従属節 vs. 主節」という文法関係はなく、ただ2つの文が並列しているだけですから、ここでコンマを使うのは原則から外れた用法です。（ただし、この comma fault は、原則外の用法なので、むしろそのことによってコンマではさまれた文や語句が引き立つといった文体的効果があるため、実際には使用される例が少なくありません（例: I came, I saw, I conquered. （来た、見た、勝った［シーザーの言葉］））。

例題の英文の場合、前半と後半をピリオドで完全に分離してしまうか、あるいは、前半が Moore 博士に関するまとめ的内容で、後半がその中身の

説明的要素という関係があるので、セミコロンかコロンを使うことも考えられます。

● Improved ●

a. Dr. Moore is a famous astronomer. He has discovered three new galaxies so far.
b. Dr. Moore is a famous astronomer; he has discovered three new galaxies so far.

● 実践演習 ●

次の英文の、前半と後半を、適切なパンクチュエーション（コンマ、ピリオド、コロン、セミコロンなど）を使って連結しなさい。（Model Answersはp. 173）

1. English is difficult to learn, it is perhaps more difficult than French or German.
2. John is a lazy student, he is spending most of his time playing at the amusement arcade nearby.
3. Sadao is a gourmet, he is always enjoying good food and wine at luxurious restaurants.

Example 97　文意の明確さとコンマ、ピリオド

- スコットランドに着いて数週間たったころ、秀夫はうまくいかない自分の研究について心配し始め、また日本での日常生活、故郷の友人や日本食が恋しくなり始めた。
- A few weeks after his arrival in Scotland, Hideo began to worry about his research *which wasn't going well and to miss his everyday life back in Japan, his friends in his hometown and Japanese food.*

Comments

　英文を書く際は、ひとつのセンテンスを長々と続けることはできる限り避けることを勧めます。例題の英文は36語がひとつの文を構成していますが、あまりに多くの情報がパックされすぎている感があります。明確な文意を伝えるためには必要に応じてコンマ、ピリオドなどのパンクチュエーションを適切に使う必要があります。

　一般に英語のパンクチュエーションは、文頭を大文字で始め、文末にピリオドを置く、という以外は定まった用法や規則がそれほどあるわけではありません。たとえばコンマ、セミコロン、コロン、ダッシュなどの用法は、かなり個人差があり、たとえば作家によっては多彩なパンクチュエーションを使う人もいますが、20世紀以降の現代は under-punctuation（パンクチュエーション過少）の時代ともいわれ、昔ほどパンクチュエーションを多彩に使うことが少なくなってきていることは事実です。文体的観点からいえば、一般的にはパンクチュエーションが多ければ、途切れ途切れという感じになり、スムーズな読みを妨げることになりやすく、少ないほうがスムーズに読める場合が多いといえます。しかし、文意の明確さを犠牲にしてまで under-punctuation を貫く必要はありません。必要に応じてそれなりの区切りを入れることで文意が明確になるからです。

例題の英文は文意を不明瞭にしているいくつかの問題点があります。まず、his research which のところでは、research の次にコンマが必要です。コンマがないと、他の(うまくいっている?)研究ではない、うまくいっていない研究、という研究の種類をいっているようにもきこえます。しかしここでは、his research という表現は彼の研究はひとつの限定されたもの、という意味ですから、その意味を表すためには、関係詞の非制限用法であるべきです。

次に his everyday life back in Japan, his Japanese friends and Japanese food は、たとえば a desk and a table のように別個のアイテムとして並列すべきものではなく、everyday life の具体的な中身としてそれ以下のものがあげられているわけですから、接続の仕方を考え直すべきです。

• Improved •

A few weeks after his arrival in Scotland, Hideo began to worry about his research, which wasn't going well, and to miss his everyday life back in Japan. He was desperate [dying] to meet his friends in his hometown and eat Japanese food.

[注] 3行目の in Japan と He was をもう少しつながりのあるものにするには、. . . in Japan; he was . . . のようにセミコロンでつなぐこともできます。この場合のセミコロンは前者の具体的な内容をあげるという働きです。

実践演習

次の日本文について、パンクチュエーションの用法に留意しながら英訳しなさい。(Model Answers は p. 173)

1. ベートーベン(Beethoven)が生まれたボン(Bonn)は美しいドイツの都市です。
2. John には消防士になった息子がひとりいた。(他にも息子がいたという含みを持たせる)
3. 潜水艦には2種類ある。通常型潜水艦と原子力潜水艦である。

Example 98 関係詞を省略するかしないか

- これが、コーエン博士が 20 代のときに書いた異文化コミュニケーションに関する論文です。
- This is the paper on cross-cultural communication *that* Dr. Cohen wrote in his twenties.

Comments

　Example 64 で、目的格の関係詞は省略可能ということについて述べましたが、特に英語を書く場合、文法的には省略可能かもしれないが、果たして省略したほうがいいのかどうかという、どちらかというと文体的なレベルで判断に迷うときが多くあります。Chapter 3 で扱った英語の一般的な好みである economy of speech（言葉の簡潔性・経済性）の観点からは、文法的に省略可能ならば、常に省略したほうがよい、という考えも成り立ちますが、実際問題としては一概にそうともいえないという微妙さがあります。例題の英文がおそらくその微妙な場合のひとつでしょう。ここでは関係代名詞 that と先行詞 the paper との間に on cross-cultural communication という語句が介在することによって距離があります。こういう場合、関係詞を省略するかどうかは微妙な問題になります。

　一般に関係詞の省略は、先行詞と関係詞が直結している場合に最も起こりやすいといえます。以下の例を見てください。

a. This is the paper Dr. Cohen wrote in his twenties.
　　（これはコーエン博士が 20 代のときに書いた論文です）
b. Father bought me the motorbike I'd wanted.
　　（僕が欲しかったバイクをお父さんが買ってくれた）

ここでは、a, b ともに先行詞と関係詞節が、途中に介在語句や挿入語句がなく直結しているので、関係代名詞は省略するのが普通です。

　しかし特に話し言葉で、次に何をいうか言葉をさがしながら話を進めるよ

うな場合には、省略可能であっても関係代名詞をつなぎの言葉として使うということが考えられます。

 c. This is the paper *which* Dr. Cohen wrote in his twenties.

 この場合、which の次は、とりあえず which でつないでから考えた、という可能性があります。

 関係詞節の中に、介在語句や挿入語句がある次のような場合、関係代名詞は省略しないのが普通です。以下の例を見てください。

 a'. This is the paper *which*, to our surprise, Dr. Cohen wrote in his twenties.（これは驚くべきことに、コーエン博士が20代のときに書いた論文です）

 b'. Father bought me a motorbike *which*, believe it or not, I'd wanted since I was a little child.（ちょっと信じられないかもしれないが、僕が小さな子供のときからずっと欲しかったバイクをお父さんが買ってくれた）

 ここで例題に戻ると、結論としてはこの場合、関係代名詞の省略は任意といえます。字数制限の厳しい原稿書きなどの場合は、省略されるのが普通です。しかし先行詞と関係詞節の距離を考えると、関係詞を入れることに別に抵抗はありません。

● Alternative ●

This is the paper on cross-cultural communication Dr. Cohen wrote in his twenties.

 ［注］簡潔性の観点から関係詞を省略した例です。

実践演習

 次の日本文を、関係代名詞を使うかどうか判断して英訳しなさい。(Model Answers は p. 174)
1. これは私が一番好きな歌です。
2. これが、私が来月買う予定のトヨタ車です。
3. これは私が昔から欲しかった18世紀のロンドンの地図です。

Example 99　抽象から具体へ

- たとえば、いわゆる「仮の it」を文の主語あるいは目的語として使ってひとつの英文を作ることができます。「仮の it」を使うこと自体は間違いではありませんが、繰り返し使うと英文がぎこちない印象になります。英語でまとまった文章を書くときには文構造の多様性がなくてはいけません。どんな文構造を使うにせよ、使いすぎると文体上の問題が発生することになりがちです。
- For example, you can construct an English sentence using the so-called 'dummy it' as the sentence subject or object. The idea of using the 'dummy it' is not wrong in itself, but using it over and over again makes your writing sound awkward and clumsy. *There should be a variety of sentence structures in English passages you write. No matter what sentence structures you employ, overusing them could be a style problem.*

Comments

　Example 19 で、英語では結論が先で枝葉は後ということについて述べましたが、この問題は単に日本人の書く英語に特有の問題というだけでなく、もっと一般的なレベルで英文の構成 (organization) にかかわる大きな問題なので、ここでもう一度扱います。

　「結論」というのは言い換えれば全体のまとめとしての抽象的論旨、ということができます。そして「枝葉」というのは具体レベルでの、その結論の中身、ということができるでしょう。そういう観点から上例を見てみると、日本文のほうは、もともと日本語がおもむろに枝葉から入ることが多いため、ここでの文の流れは別に不自然ではなく、いかにも日本語的な「枝葉」

から「結論」という構成になっています。それに対して英文のほうは、本来最初に来るはずの結論としてのイタリックの部分が最後に置かれていて、このままでは日本語の構成原理のままの英文といえます。英文として自然なものにするにはイタリックで示されている結論部分を文頭に置いて、それ以下を後ろにつなげる必要があります。

Improved

There should be a variety of sentence structures in English passages you write. No matter what sentence structures you employ, overusing them could be a style problem. For example, you can construct an English sentence using the so-called 'dummy it' as the sentence subject or object. The idea of using the 'dummy it' is not wrong in itself, but using it over and over again makes your writing sound awkward and clumsy.

実践演習

次の日本文を英文の構成原理に従って英訳しなさい。(Model Answers は p. 174)

1. Gary はすぐカーッとなるし、人の話には全然耳をかたむけないし、むずかしい人物だね。
2. この土地は、天候はおだやかで、物価は安いし、人情はあるし、住みやすいところです。
3. あなたがたが長年努力してくれたおかげで、うちの学校の英語教育は大いによくなりました。実によくやってくれました。

Example 100　構文のバラエティ

- 週末に古くからある温泉に車で出かけるのはとても楽しい。ひなびた田舎の露天風呂に浸かるのはとてもリラックスするし、土地の人たちとふれあうのもおもしろい。
- *It is* great fun to drive to old spas on weekends. *It is* very relaxing to soak in an open-air bath in the remote countryside. And *it is* interesting to get to know the locals.

Comments

Example 92 で、英語のライティングでは同一表現の繰り返しをなるべく避けて、表現のバラエティを持たせようとする傾向が強い、といいましたが、繰り返しを避けるというのは、語彙や語句レベルだけのことではなく、センテンスについてもいえます。日本人学習者の場合、一般的に英語の構文力があまり高くないことがひとつの原因となって、同一構文の単調な繰り返しがよく見られます。たとえば人称主語の I や He で始まるセンテンスが連続していくつも現れることがよくありますが、文体的にはぎこちない印象になるので、ときには人称主語、ときには非人称主語、またときにはいわゆる無生物主語を使った構文（Chapter 1 参照）などを用いて構文のバラエティに配慮してください。

例題の英文では 3 つの文がいずれも仮主語 It で始まっていて、全体としてはぎこちない印象です。Example 60 で述べたように、仮主語 It の構文は英語ではごく一般的な構文であり、それ自体は何の問題もありませんが、構文のバラエティに配慮するのがよい書き方です。

Improved

It is great fun to drive to old spas on weekends. *Soaking* in an open-air bath in the remote countryside is very relaxing. And

I find it interesting to get to know the locals.

実践演習

次の英文の主語設定を考え直し、構文のバラエティが出るように書き換えなさい。(Model Answers は p. 174)

1. It was difficult for me to do the job at first. It was painful to contact new people almost every day. After all, it took me three years to get used to the job.
2. Last year I stayed with a London family. I thought the family had so many friends, and I had a lot of chances to talk to them and I was able to improve my English.
3. The bus driver's rudeness made me feel offended, and the noisy passengers made me sick. On top of that, the terrible traffic jam made me feel tired.

Model Answers

CHAPTER 1

Example 1

1. No, you don't.
   (別解) No, it isn't necessary.
2. Yes, you can.
   [注] 2の答えはこれでもいいですが、やや機械的な受け答えの印象があります。実際には「いいですよ」「ええ、どうぞ」などの意味で、"Yes, go ahead." や "Sure, why not?" などを使うのがより自然です。
3. No, you don't.
   (別解) No, it isn't necessary.

Example 2

1. Dr. Sinclair graduated from Cambridge University, and Dr. Russell Oxford University.
   [注] 後半の and Dr. Russell のあとにわざわざコンマを打つ必要はありません。
2. Professor Yamada's paper deals with English idioms, and Professor Okada's paper Japanese honorific expressions.
3. Mr. Tanaka is in charge of Class A, and Mr. Suzuki Class B.

Example 3

1. Yes, I am.
   [注] 少しおどけた感じで「ええ、間違いなく本人です」というようなニュアンスを出すときは、"I certainly am." なども可能です。
2. No, not very.
   [注] もしイタリックの部分が No, I'm not hungry. であれば、答えとしては、"No, I'm not." が考えられますが、イタリックに very が入っているの

で、"No, I'm not very." という省略形にはなりません。
3. Yes, he is.

Example 4

1. Do you want [Would you like] a Japanese car or a foreign one?

   (別解) Which do you want, a Japanese car or a foreign one?

   (別解) Which would you prefer, a Japanese car or a foreign one?

   [注] ここでは、具体的に「(今)欲しいのは(おそらく1台の)日本車か外車か」と聞いているので、「(総称的に)日本車と外車どちらが好きですか」のように一般的な好みを聞くタイプの英文、たとえば "Do you like Japanese cars or foreign ones?", "Which do you prefer, Japanese cars or foreign ones?" などは不適当です。一般的に一時的な願望は want, would prefer, would like などで表します。

2. Of the two T-shirts, I want [I'd prefer] the blue one.

   [注] 日本語の感覚では the blue one を the blue shirt といいたくなるところですが、同じ名詞を繰り返さず、代名詞化するのが英語の用法です。

3. 3-D car navigation systems will be on the market next month. I want to buy one.

   (別解) They say there will be 3-D car navigation systems on the market next month. I want one.

   [注] 問題文の日本語では、「...らしいが」というふうに「が」が使われていますが、これは日本語特有の、ほとんど無意味に近い「が」の用法であり、この場合、前後のつながりが逆接の意味ではないので、but を使う必要はありません。

Example 5

1. Listen to your parents.

   [注] ここで「ご両親のいうこと」を字義通り what your parents say、あるいは your parents' word(s) などとしないようにしてください。

2. You sound reasonable [sensible/right/logical/proper].

[注]「理にかなっている」というのは、判断が正しい、公平である、無理なところや不自然なところがない、ということで、だいたいここにあげた reasonable 以下の形容詞がその意味にあたります。ここでは「あなたがおっしゃること」を what you say とすることも可能ですが、人称主語そのものを主語にする表現法を覚えてください。

3. I don't believe you.

(別解) You must be joking [kidding].
[注]「あなたが今いったこと」をここでは what you say としないほうが自然です。参考までに、成句的な表現で I don't believe it [this]. があります。この場合の it と this は事柄を指して、「そんなこと信じられない(本当ではないだろう)」という疑いの気持ちを表します。また、I can't believe it. というと、たとえば、普段成績の悪い学生が突然クラスのトップになったときなど、信じざるを得ない事実を前にして驚きの気持ちを表します。

Example 6

1. I had [got] my cell phone fixed a few days ago.
   [注]「携帯」はアメリカ英語では cell phone か cellular phone、イギリス英語では mobile phone といいます。「修理する」は repair や fix が適当です。

2. I had [got] a TV installed [put] in my car yesterday.
   [注]「取りつけました」は、一般的には「(カー用品店で)取りつけてもらった」と考えるのが普通ですが、たとえばイギリスなどでは do-it-yourself の精神で、何でも自分でやってしまう人が結構います。その場合は I installed [put] a TV in my car yesterday. となります。

3. I have a stomachache.
   [注] この場合日本語の構造に引きずられて、My stomach aches. などというのは自然な表現ではありません。

Example 7

1. I found that movie [film] very boring.
   [注] ここで find の次に that 節をとって、I found that that movie was very boring. とするのは適切ではありません。一般に 'find that S + V' は、何らかの調査などをした結果、事実を発見する、というニュアンスがあり、以

下のような例文にふさわしいものです。
- Professor Mitchell found that the map was written in the 15th century. (ミッチェル教授はその地図が15世紀に書かれたものであることを発見した)

ある事柄が「おもしろい」「退屈である」などは、主観的印象に属するものなので、'find that S + V' で表すのは不自然です。同様のことは 2、3 についてもいえます。

2. I found my recent trip to London very exciting.
   ［注］「感動的」の訳としては、アミューズメントパークなどでの夢中で胸が躍るような経験ならば exciting, thrilling, enthralling などがあります。あるいは偉人の伝記を読んで心が奮い立つような感動ならば inspiring、また、救助犬が赤ん坊を助け出すなどの、感動して涙が出てくるような事柄ならば moving などが適切です。

3. I found the English exam very tough.
   ［注］「きつい」はむずかしい、手ごわいと考えて、tough, difficult, hard などが適切です。また、「試験」は日常的には examination とせず、exam というふうに短縮して使います。

▌Example 8

1. They sell secondhand [used] PCs at the shop [store].
   ［注］「中古」はイギリスでは secondhand, アメリカでは used がよく使われます。また、shop はイギリス、store はアメリカでよく使われます。

2. They [People] were very kind to me in [at] the hospital.
   (別解) People in that hospital were very kind to me.
   (別解) I was treated very gently in that hospital.
   ［注］ kind は人に席を譲ったりして思いやりを示す優しさであり、gentle は取り扱いが丁寧で荒っぽくないとか、話し方が優しいなどの立ち居振る舞いの優しさです。I was treated gently in that hospital. といえば、「荒っぽく扱われなかった」「治療が丁寧だった」などの意味になります。

3. They [People] speak English in New Zealand.
   (別解) English is the first language in New Zealand.
   ［注］ 英語が第一言語として使われている、と考えて別解のようにいうこともできます。

Example 9

1. It's [It's been] more than thirty years since my father died.

    (別解) My father died more than thirty years ago.

    ［注］ My father has been dead for more than thirty years. という表現も文法的には可能ですが、字義通りには「30年間死んだ状態である」というのは、また生き返るかもしれない、という含みがまったくないわけではないので、あまり一般的な表現とは言えません。more than の代わりに over も可。thirty years を 30 years と表しても可。

2. It's [It's been] ten years since I came to Japan.

    (別解) I came to Japan ten years ago.

    (別解) I've been in Japan ten years.

3. More than [Over] five million years have passed since the dawn of humans.

    (別解) It is more than [over] five million years since the dawn of humankind [since human beings appeared on earth/on this planet].

    ［注］ 3の日本文はややフォーマルな文体ですから、動詞 pass を使っても不自然ではありません。「人類」は 性差別語（sexist language）を排除しようとする現代英語の風潮の中で、男性中心の印象のある man や mankind が以前ほど使われない傾向があります。

Example10

1. What makes you so happy?

    ［注］ この場合の happy は「幸福な」というよりも、「ごきげん」とか「ウキウキしている」という一時的な様相を表しています。

2. The way he talked made me think that he was telling a lie.

    ［注］ The way he talked では The way の次に in which が省略されているともいえますが、特に話し言葉では in which は省略されるのが普通です。'The way S + V' の用法については p. 66 を参照してください。

3. Matsuda's experience abroad makes him different from his colleagues.

(別解) What makes Matsuda different from his colleagues is his experience abroad.
[注] 別解の英文のほうが「Matsudaの海外経験」が強調されています。さらに「Matsudaの海外経験」を強めると、It is *Matsuda's experience abroad that makes him different from his colleagues.* となります。

Example 11

1. Doing [Taking] exercise every day will enable you to stay healthy.

   (別解) Exercising every day [Daily exercise] will enable you to stay in good health.
   [注] 動詞句 exercise を主語として置く場合、to 不定詞よりも ~ing の形のほうが一般的です (動詞句を主語とする場合の形については p. 54 参照)。

2. Good health will enable you to enjoy this long journey.

   (別解) Being in good health [Being healthy] will enable you to enjoy this long journey.
   [注] If you are in good health の部分を主語化する場合、Being in good health でも Good health でも可。

3. My knowledge of the language spoken there enabled me to make friends with the locals very quickly.

Example 12

1. This medicine will help you live long.

   (別解) Taking this medicine will help you to live long.
   [注] 動詞 help に続く動詞は to 不定詞の場合と原形不定詞の場合があります。英米ともにどちらの用法も一般的ですが、どちらかといえばアメリカ英語では原形不定詞をとることが多いようです。また、原形不定詞のほうが、to 不定詞よりも口語的と考えるネイティブスピーカーが多いようです。

2. This Japanese-English dictionary will help you learn how to write good English.

   (別解) Using this Japanese-English dictionary will help you

to learn how to write good English.
3. A look at this chart will help you choose the books you should read.

(別解) Looking at this chart will help you to choose the books you should read.

Example 13

1. My poor eyesight doesn't allow me to drive.
   ［注］ 主語の設定としては、The fact that I have poor eyesight なども文法的には可能ですが、the fact that ... の形は文体的にぎこちないので（p. 31参照）避けたほうがよいでしょう。

2. Our awful financial situation doesn't allow us to employ a new teacher.
   ［注］ この場合も、主語の設定としては、The fact that our financial situation is awful なども文法的には可能ですが、1 と同様の理由で避けたほうがよいでしょう。主語を上記のように名詞化する工夫が必要です。

3. Their mutual distrust [Their failure to trust each other] doesn't allow them to work in a cooperative way.
   ［注］ この場合も、主語の設定としては、The fact that they don't trust each other なども文法的には可能ですが、1、2 と同様の理由で避けたほうがよいでしょう。主語を上記のように名詞化する工夫が必要です。

Example 14

1. The survey shows that six out of ten Japanese like Americans and the American way of life.
   ［注］ 動詞 show の他には find, reveal, report, indicate などが可能です。また、1、2、3 に共通していえますが、動詞 show の次に目的語として一般人称の you を置くこともできます。

2. Government figures show that there has been a drastic increase in the number of juvenile crimes in the last decade.

（別解） Government figures show a drastic increase in the number of juvenile crimes in the last decade.

3. The report shows how many teenagers are addicted to drugs.

■ Example 15

1. A few years later, Jenny became more interested in Japanese culture.

    （別解） After a few years, Jenny showed more interest in Japanese culture.

    （別解） Several years later, Jenny's interest in Japanese culture increased.

2. This park will be turned [changed] into a theme park next year.

3. （自発的に辞める場合） I'm going to quit this job [I'll resign from this job] at the end of this month.
    ［注］ resign の場合必ずしも目的語は必要でなく、I'll resign. で職（立場）を辞するという意味になります。

    （リストラされる場合） I'll lose this job at the end of this month.

    （別解） I'll have to leave this job at the end of this month.

    （別解） I'll be fired [sacked] at the end of this month.
    ［注］ 「リストラされる」は、I'll be made redundant. などの言い方もあります。

■ Example 16

1. I'm fifty-five.

    （別解） I turned fifty-five this year.
    ［注］ 現在形を使う場合、「今年」をわざわざ this year という必要はありません。現在形の中に「今年」の意味が含まれています。

2. These days, my daughter is interested in classical music.

137

(別解) My daughter has recently become interested in classical music.
3. These days, this flat seems small for a family of four.
(別解) These days, I'm beginning to feel this apartment is small for a family of four.

[注] 'seem + to be + 補語' の形は一般的に、補語の内容が程度 (degree) を語れないもの、たとえば He seems to be Japanese. (彼は日本人のようだ) のときに使われます。それに対して、'seem + 補語' の形は、補語の内容が程度 (degree) について語れるもの、たとえば He seems smart. (彼は頭がよさそうだ) のときに一般的に使われます。

Example 17

1. A foreigner spoke [talked] to me yesterday.
   (別解) Yesterday, a foreigner came up and spoke [talked] to me.
   [注] speak [talk] は speak [talk] to ~ あるいは speak [talk] with ~ という形で「~と話す」という意味になりますが、to は話しかける、with の場合はお互いに言葉を交わす、話し合うというところに重点が置かれることがあります。ここでは「話しかける」ということを強調する意味で、to を使うのがいいでしょう。
2. My mother told me to work [study] harder.
   (別解) My mother told me that I should work harder.
3. Yesterday my father told me off because I stayed out late at night.
   (別解) Yesterday my father scolded me because I didn't come home until late at night.
   [注] 動詞句 tell ~ off は「~をしかりとばす」という意味の口語的な表現です。

Example 18

1. "What happened to [became of] the man?" "He was taken

to the hospital by the police."

[注] この場合、応答の文を The police took him to the hospital. とすると情報の流れが不自然になります。質問の文の最後の the man を応答の文の冒頭に He と置くことで、スムーズな受け答えになります。

2. "What happened to [became of] the whale?" "It ended up being taken to the aquarium."

(別解) "It was carried to the aquarium in the end [after all]."

[注] 日本語の「結局」はいろいろな訳例が考えられますが、動詞句 end up でその意味合いを出せる場合が多いです。

3. "It's possible [likely] that our company will go bankrupt." "Then, we'll be supported by the Ministry of Finance."

(別解) "Our company may go broke." "In that case, it'll get financial support from [by] the Ministry of Finance."

[注] 「破産する」は go bankrupt、go broke などがありますが、go broke は口語的表現です。

Example 19

1. People like Junpei very much. He is a pleasant and caring young man, always wondering what he can do for other people.

(別解) Everyone loves Junpei because he is a nice and kind young man. He is the kind of guy [person] whose top priority is to think about what he can do for other people.

[注] 最初の部分は Junpei is loved by everyone でも可。

2. I've recently been in bad shape [out of shape]. I find myself catching (a) cold very often and I can't go to sleep easily at night.

(別解) These days I'm not very well. I've become very sensitive to cold, and it takes time to go to sleep.

[注] 「体調が悪い」は I'm sick [ill] でも可。find oneself ~ing は、「気が

139

ついてみると〜という状態になっている(た)」という意味合いで、そのときの状況を伝えるのにふさわしい構文です。これを I often catch (a) cold とすると、(生来)そういう体質という恒常性を表す可能性があり、紛らわしくなります。

3. My boss is impossible. He's always telling someone off and complaining about things.

   (別解) My boss is crazy. He is always scolding someone and nagging about lots of things.

Example 20

1. I was surprised when my son told me suddenly that he wanted to live by himself.

   (別解) It was surprising that my son told me quite suddenly that he'd like to live on his own.
   [注]「言い出したので」は、because よりも when でつなぐほうがより自然な感じがします。Because は因果関係を強く印象づける働きがあります。

2. I was disappointed to know that there were only three people present at the meeting yesterday.

   (別解) It was disappointing to learn that only three people were there at the meeting yesterday.

3. I'm very happy to hear that you've got a new job.

   (別解) It's very nice to know that you've found a new job.

Example 21

1. These days I realize how interesting it is to study English.

   (別解) Now I realize (that) studying English is very stimulating.

   (別解) These days I find it exciting to study English.
   [注]「おもしろい」は、興味が持てるという意味合いならば interesting, 刺激的でわくわくするようなおもしろさなら stimulating や exciting, 遊ぶと

きのような楽しさ・おもしろさならば fun を使って、Now I realize that studying English is lots of fun. のようにいえます。

2. Can you imagine how difficult it is to fire the employees one after another?

   (別解) Do you understand how hard [tough] it is to sack the employees one after another?

3. Now I realize how difficult it is to evaluate people properly.

   (別解) These days I find it very hard [tough] to judge people rightly.

   (別解) These days I'm beginning to realize (that) judging people properly is a very demanding job.
   [注]「正しく」は、properly, rightly, correctly などがこの場合適切です。

Example 22

1. Can you imagine what it is like to be alone in the mountains at night?

   (別解) Do you understand what it is like to be with nobody else in the mountains at night?
   [注]「山の中で」は、in the [a] mountain とすると、「ひとつの山の洞窟の中で」という意味になります。複数形にして「山中」という意味を表します。

2. I wonder what it would be like to get attacked [assaulted] by a dinosaur.
   [注] ここで would を使うのは、恐竜に襲われることは架空の設定であり、それにそって仮定法的な意味合いを出すためです。ここで would を使うことで、後半の to 以下は、意味的には if I got attacked by ... という、非現実を表す仮定法過去に相当します。

3. Could [Would] you tell me what the weather will be like in Tokyo tomorrow?

Example 23

1. I don't think (that) John is a liar.
2. I don't believe (that) my son has learned a lot from me.
3. I don't think (that) the Japanese are as hardworking as they used to be.

    (別解) I don't believe (that) Japanese people are as industrious as before.
    ［注］「日本人」は the Japanese か Japanese people とします。Japanese だけでは「日本語」か「日本人」か意味が曖昧になりがち。「勤勉な」はやや堅苦しい響きのある diligent よりも、hardworking が一般的です。動詞 think, believe, know など、日常的によく使われる動詞のあとでは接続詞の that は省略される傾向があります。

Example 24

1. You're a terrible driver.

    (別解) You're an awful driver.

    (別解) You're the worst driver I've ever seen.
    ［注］ terrible, awful 自体に「ものすごく」「猛烈な」などの非常に強い意味があるので、very terrible や very awful とはいわない点に注意してください。

2. Lucy was a great music-lover.
    ［注］ この場合の great は「偉大な」というよりも、「とても」「心から」などの意味で、程度が大きいことを表します。

3. You're a terrible researcher.

    (別解) What kind of researcher are you?
    ［注］ ここでの「研究者」の場合、たとえば研究データの捏造などが例として考えられます。別解は、驚きをこめて非難する場合などに使われます。
    - What kind of policeman are you?（それでも警察官か？［警察官の立場を利用して人から金品を巻き上げた場合など］）

Example 25

1. With the typhoon coming on, many schools in the Kanto area were temporarily closed.

   (別解) With the typhoon approaching, a large number of schools in the Kanto district cancelled classes.

2. With the growing social unrest, there was a dramatic increase in the number of riots.

   (別解) With social unrest ever growing, the number of riots has drastically increased.
   [注]「社会不安」は social turmoil, social disorder なども可。

3. With the decreasing number of 18-year-olds, every university or college is working desperately [hard] in order to survive.

   (別解) With fewer and fewer 18-year-olds, every university or college is struggling [striving] hard to survive.
   [注] 別解の文で fewer and fewer を less and less とするのは誤りです。数えられる名詞には few、数えられない名詞の場合は little になります。

Example 26

1. More attention should be paid to the growing [expanding] national debt.
2. If nuclear war broke out, there would be universal death.
3. Smaller classes would make more efficient teaching possible.

   (別解) More efficient teaching would be possible in smaller classes.

Example 27

1. Do you know of [about] the millions of people in this

143

country who are suffering from AIDS?

　　［注］　この文と、日本語の構造に近い次の英文を比較してください。
　　　Do you know that millions of people in this country are suffering from AIDS?

2. I am very sorry to hear of those ten people in this town who were killed in the recent derailment.

　　［注］　この文と、日本語の構造に近い次の英文を比較してください。
　　　I am very sorry to hear that those ten people in this town were killed in the recent derailment.
　　　「心からお悔やみ申し上げます」は、Please accept my heartfelt sympathy on those ten people who ... も可。

3. Dr. Johnson talked [spoke] about nuclear armament, which has been a big financial burden on our country.

　　［注］　この文と、日本語の構造に近い次の英文を比較してください。
　　　Dr. Johnson talked about the fact that nuclear armament has been a big financial burden on our country.

Example 28

1. Stop seeing [dating] him.

　　（別解）You should stop going out with him.
　　［注］　この場合の「つきあう」は、恋人同士のつきあいという意味での解釈です。

2. I don't like movies [films] like that.

3. How could you say such a terrible thing?

　　（別解）How could you say horrible things like that?
　　［注］　such を使う場合、such a terrible thing のように、such の次に形容詞語句が入る場合はごく普通の用法になります（例: such a long time; such an interesting story）。

Example 29

1. If Mt. Fuji should erupt, the whole Kanto area would suffer.

〔別解〕 If Mt. Fuji erupted [were to erupt], the whole Kanto would be damaged.

〔注〕 should を使うと「もし万一」のような可能性の低さを表します。were to は未来に関する仮定を表しますが、書き言葉的表現です。

2. We will hire him if he is an excellent teacher and researcher.

   〔別解〕 If he is a good teacher and at the same time a good scholar, we will employ him.

3. We would hire him if he were [was] a bit more careful.

   〔別解〕 If he were [was] a little more careful, we would employ him.

   〔注〕 話し言葉では were の代わりに was が使われる傾向があります。

CHAPTER 2

Example 30

1. They [People] say Mr. Ichijo is very popular with [among] girl students.
   ［注］ 話し言葉では動詞の目的語節の 'that S + V' の that が省略される傾向があります。
2. They [People] say that company is doing good [roaring] business.
3. It is said that many Japanese wish [hope/want] to live in harmony with nature.

Example 31

1. It could be said that the car manufacturer is not capable of developing a hybrid car.

   (別解) It can be said that the car maker has no capability [ability] to develop a hybrid car.
   ［注］ 「～を開発する能力はない」は cannot develop ～ としても可。

2. It could be said that many young Japanese evaluate themselves lower than they should.

   (別解) It could be said that many young Japanese are less confident in themselves than they should be.
   ［注］ 「日本の若者」は Japanese young ではなく young Japanese となる点に注意してください。

3. People say this is no place for young girls.

   (別解) They say young girls shouldn't be around here.
   ［注］ this is no place の 'no' は「とんでもない」などのような強い意味を表します。

Example 32

1. You could say Tanaka is a workaholic.

    (別解) One could say Tanaka is working too hard.

    (別解) Tanaka is probably addicted to work.

    (別解) Tanaka is probably a work addict.
    [注]　be addicted to ～ は「～にはまっている、熱中している」の意味で、John is addicted to coffee [baseball/shopping] などのように使います。

2. You could say John is a born pianist.

    (別解) John is probably a born pianist.

3. You could say Yoshida is an ideal father.

    (別解) One could say Yoshida is a model father.

Example 33

1. Mr. Oyama is a good teacher, and a good counselor as well [too].

    (別解) Mr. Oyama is a good teacher and a good counselor.

2. Our section head likes Sato, and Kato as well [too].

    (別解) Our section chief likes Sato and Kato.

3. The U.S. government criticized not only the nuclear development of North Korea but (also) the military build-up [strengthening] of China.

    (別解) The U.S. government condemned [denounced] not only the North Korean nuclear development but (also) the Chinese military build-up.
    [注]　この場合でも、'not only X but also Y' を使わずに X と Y を単に 'X and Y' という形で表すこともできます。

Example 34

1. Chris came home around midnight, as he usually did.

(別解) Chris didn't come home until around midnight, as usual.

2. Lucy has left her season ticket at home, as she usually does.

    (別解) Lucy has left her commuter [commutation] pass at home, as usual.
    [注] season ticket はイギリス英語で、commuter [commutation] pass はアメリカ英語です。

3. Mick is complaining about his boss, as he usually is.

    (別解) Mick is criticizing his boss, and that's usually the way with him.

■ Example 35

1. I have lunch at 1 pm every day.

    (別解) I have lunch at one every afternoon.
    [注] pm は p.m. でも可。

2. I don't smoke.

3. Dave never backbites.

    (別解) Dave makes it a rule never to backbite.
    [注] ここでは主義・信条を強調する意味で make it a rule to do の形が使えます。

■ Example 36

1. I didn't realize how poor [awful] my English was until I went to the United States.

    (別解) I realized (that) my English was far from perfect only when I visited the United States.

2. I didn't realize how much I'd depended on my parents until I started to live by myself.

(別解) I realized how much my parents meant to me only when I began to live on my own.

3. Not until after the defeat in the Pacific War did the Japanese realize what they had lacked.

(別解) Only after the defeat in the Pacific War did the Japanese realize what they had been lacking in.

[注] この場合でも倒置構文ではなく、The Japanese realized what they had lacked only after the defeat in the Pacific War. とすることもできます。

Example 37

1. I like George because he always makes me laugh.

   (別解) I like George a lot; he always makes me laugh.

2. I don't like this car because it isn't fuel-efficient.

   (別解) I hate this car; it's a gas guzzler.
   [注]「この車は燃費が悪い」は、This car consumes a lot of gas. などともいえます。

3. The villagers were restless, for it seemed to them to be a sign of tsunami.

   (別解) The villagers were discomposed [anxious/worried], for they felt it was an omen of tidal wave.
   [注] 簡潔な英文を書く、という視点からは接続詞を使わず、たとえば The villagers were restless. It seemed to them to be a sign of tsunami. のように、ピリオドを使って独立した2つのセンテンスとする書き方もあります。

Example 38

1. When I looked down from the helicopter, I saw a few people waving their hands on the top of the mountain.

2. William just stood still because [as/since] he was completely stunned.

[注] 「簡潔な英文を書く」という視点からは、接続詞を使わず、たとえば William just stood still. He was completely stunned. のように、ピリオドを使って独立した 2 つのセンテンスに分けてしまうこともできます。

3. Lewis came across his ex-wife when he was jogging on the road.

Example 39

1. Looking back upon the past few years, the people in the village could not help getting depressed over the things they had lost.
2. The foreign tourists on the coach drank too much and became wild, starting to fight one another.
   [注] この場合の starting 以下の分詞構文は時間の連続を表します。つまり 'X happened, and then Y happened' の Y 以下にあたります。
3. Seen from a political viewpoint, this problem would look totally different.

Example 40

1. When I was young, I used to argue with my wife.
2. I tried hard to get to know as many local people as possible while I was staying in a provincial town in England.
3. I'll get my work finished before I go.
   [注] get my work finished は finish my work と同じような意味ですが、「最後まできちんとやりぬく」といった意味合いがあります。

Example 41

1. I was a member of ESS when I was a college student.
2. I used to drink a lot of wine when I was young.
3. I often stayed up late at night working when I was a high school student.

［注］この場合の late は until late の意味である点に注意してください。

Example 42

1. I'll be leaving [I'm leaving/I'm going to leave] at eight tomorrow morning. Thanks very much for everything you've done for me.
   ［注］ I will leave... というと、「それを言ったときが決断のとき」という意味になります。「よし、私は出て行く」といった意味合いです。「出て行くことにしています」はすでに決められている予定の意味合いがあるので、解答例のような表現がふさわしいです。

2. My father will come home [will be coming home/will be back home/is coming home] around seven. When he comes back, I'll tell him that you called.

3. According to the timetable, that train arrives at New Castle at 9:45.
   （別解） The timetable says that train will arrive at New Castle at 9:45.

Example 43

1. Living with a pet has turned out to be more relaxing than I'd thought.
   （別解） I find living with a pet more relaxing than I thought [imagined].

2. Keeping a diary in English helps (to) improve your English writing.
   （別解） Keeping an English diary helps you (to) write better English.
   ［注］ 動詞 help は to 不定詞と原形不定詞をとることができますが、話し言葉では to がつかない原形不定詞をとる傾向があります。

3. Working from seven in the morning until midnight is sui-

cidal.

(別解) Working from 7 am to 12 pm is as good as suicide.

Example 44

1. This dog looks as if he's going to attack me now.

   (別解) This dog looks as if he is about to attack me at any moment.
   [注] 目の前の犬が襲いかかるというのは現実性の高い事柄なので、as if 節を仮定法にする必要はありません。

2. Ted talks as if he is a hero.

   (別解) Ted speaks as if he was [were] a hero.

3. They treated me courteously as if I was [were] a member of a royal family.

   (別解) They treated me politely as if I was [were] from a royal family.

Example 45

1. I won't be able to get such a high score in TOEIC.

   (別解) I don't think I'll be able to get that high of a score in TOEIC.
   [注] 会話体では I will not be ... のようにいわない点に注意してください。

2. I don't want such a young man to tell me what to do.

   (別解) I don't like the idea of a young man like him telling me to do this or that.
   [注] 会話体では I do not want ... のようにいわない点に注意してください。

3. I wonder how one could earn such a large amount of money.

   (別解) I wonder how it is possible to make that kind of big money.

Example 46

1. I don't like sweets very much, but I sometimes eat chocolate cake.
2. Mike is not doing very well at school, but he is a nice person.
   (別解) Mike may not be a very good student, but he has a good [fine] character.
3. There is undoubtedly a co-relation between the lack of motivation on the part of the students and the present entrance-examination system. Few people, however, are aware of this [that].
   (別解) One cannot deny that there is a link between the students' lack of motivation and the current entrance-exam system. Few people, however, are conscious of the fact.
   ［注］ 主語のあとにコンマではさんで挿入的に however を入れる呼吸を覚えてください。

Example 47

1. Special attention should be drawn to the suicide bombing by the terrorists that took place on August 10 here.
   (別解) One should pay special attention to the suicide attack by the terrorists that occurred on August 10 here.
2. The Japanese government should make more efforts to improve its relationship with neighboring countries such as North Korea and China.
3. You look very ill. You'd better lie down and rest for a while.
   ［注］ 会話体では had better というよりも、'd better のように短縮形を使うのが一般的です。

Example 48

1. I want [wish/hope] to be rich and happy.
2. In my understanding, being abstract and being concrete are not so distinct [different] from each other.
   ［注］ ここで抽象性、具体性をそれぞれ abstractness, concreteness などとしないほうがより自然です。
3. He ruined himself because he was totally money-minded [money-oriented].

Example 49

1. I looked around, but I didn't see anything.
   ［注］ 第2文の主語が第1文と異なる場合はいうまでもなく、話し言葉、書き言葉にかかわらずその主語を明示しなければなりません。
   - I looked around, but *nothing* was in sight. (私はあたりを見回したが、何も目に入らなかった)
2. My brother is a good [great] soccer player, but he is a poor baseball player.
   （別解） My brother is good at playing soccer, but he is bad at playing baseball.
3. This experiment was successful in that respect, but was unsuccessful in the following respects.
   ［注］ この場合はフォーマルな文体に属すので、but 以下では同一主語が省略されるのが普通です。

Example 50

1. I'm not going to leave [quit] this school.
   ［注］ 「退学する」は、ついていけなくてやめるという意味合いならば、drop out of 〜 という言い方があります。
2. My father's been in Oxford for two months.
   （別解） It's been two months since my father went to Oxford.

3. You shouldn't go to places like that by yourself.

Example 51

1. In this section, we will look into the problems with Japan's English education at the university level.
   ［注］ In this section の次のコンマは、必ず必要というわけではありません。
2. How the treaty was agreed upon will not be made public before 2020.
3. In the last decade, there has been much talk about how to deal with our aging society.
   ［注］ この場合も、In the last decade の次のコンマは、必ず必要というわけではありません。

Example 52

1. If John were alive, he'd be very pleased to hear of your success.
   ［注］ この場合、前半を Were John alive というふうに倒置文にするのは、日常会話のスタイルとして不適切です。
2. Had the Japanese government decided not to invade the mainland of China, the Pacific War would not have started [broken out].
   ［注］ この場合、前半を解答例のように倒置文にするか、あるいは普通に If から始めて、If the Japanese government had decided not to invade the mainland of China とすることもできます。
3. Were it not for years of hard work [Without years of hard work], we would not have been able to make such remarkable progress in our research.
   ［注］ この場合、前半を解答例のように倒置文にするか、あるいは普通に If から始めて、If it were not for years of hard work とすることもできます。

Example 53

1. The conflict in this region [area] will be over [finished] by this time next year.
   ［注］ 未来完了を使わずにすますひとつの方法は、動詞句ではなく状態を表す形容詞句あるいは副詞句を使って、それと be 動詞を組み合わせることです。
2. Scott will be much better by the time you come back from America.
3. If I go to Paris next year, it'll be the fourth time.
   ［注］ 後半を人称主語 I で始めるならば、I'll have been [gone] there four times のように、未来完了形で表すのが自然です。

Example 54

1. That's the way they deal [cope] with problems.
2. I don't like the way he talks.
3. This is the way in which Dr. Jones attempted to analyze the sociological phenomenon.
   ［注］ 「試みる」は日常レベルでは try ですが、フォーマルな文体では attempt, make an attempt がよく使われます。

Example 55

1. The police will surely make a thorough investigation of the murder committed by the schoolboy.

   (別解) There is no doubt that the police will make a thorough investigation of the murder committed by the schoolboy.
   ［注］ It's a cinch that... は「...は間違いなしだ」という意味のくだけた表現です。
2. It's a pain in the neck having to fix the faulty on-line system quickly.
   ［注］ a pain in the neck は「厄介でわずらわしい」という意味のくだけた表現です。malfunctioning はややかたい表現です。

3. Are you sure you can do it?
   ［注］ accomplish や achieve は「成し遂げる、遂行する」という意味のややかたい表現です。

Example 56

1. Clark was seriously ill. Besides, he was deep in debt.
   ［注］ moreover はややかたい表現です。日常レベルでは besides のほかに、not only that, on top of that などが一般的です。
2. Well done! The information you've collected that way is extremely useful.
   ［注］ thus は「このように、そのように」という意味の、フォーマルな書き言葉に属している表現です。
3. Brian finds himself disillusioned with life, though he's very rich.
   ［注］ in spite of the fact that . . . はやや冗長で堅苦しい表現です。

Example 57

1. We now need to consider those well [neatly] organized structures from a different point of view.
2. It is important to note that there is an interesting distinction between the two phenomena.
3. It should be justifiable to refer to the admirable effect of the method.
   ［注］ 文修飾副詞である undoubtedly なども強固な確信を表す語なので、学術論文では避けたほうがよいでしょう。

CHAPTER 3

Example 58

1. These days, fewer and fewer children eat at home.

   (別解) These days, more and more children do not have meals at home.
   [注]　別解でも可ですが、more と not の組み合わせがややぎこちない印象があります。

2. These days, fewer and fewer young people read books.

   (別解) These days, more and more young people do not read books.
   [注]　この場合も1と同様、別解でも可ですが、more と not の組み合わせがややぎこちない印象があります。

3. More and more Japanese (people) will learn Chinese in the future.

   (別解) An increasing number of Japanese (people) will learn Chinese in the future.

Example 59

1. Three tanks were destroyed by the terrorists.
   [注]　関係代名詞を省略する形で、There were three tanks destroyed by the terrorists も自然な英文です。

2. A girl in my class recently won the first prize in the English speech contest.

3. Some people are keen on criticizing others.
   [注]　関係代名詞を省略する形で、There are some people keen on criticizing others. も自然な英文です。

Example 60

1. Trying to get along with your colleagues is important.
   ［注］　この程度の主語の長さは別に top-heavy（頭でっかち）ではありません。
2. Teaching English to small children is very interesting.
3. Being able to play the piano well is desirable.

Example 61

1. Strangely, the visitor disappeared quite suddenly as if by magic.
   ［注］　文修飾副詞を使うことで少なくとも、'It *was* strange that . . .' などに見られる時制表示の回数が1回減ってより簡潔になっている点に注目してください。同様のことは2、3についてもいえます。
2. Unfortunately, I had little chance to learn English when I was a student.
3. Undoubtedly, China will be the largest car market in the near future.

Example 62

1. These are the cars stolen three days ago.
   ［注］　関係代名詞節を使わないことによって、数や時制表示の手間が省けている点に注目してください。同様のことは2、3についてもいえます。
2. Do you know the girls dancing in the street?
3. I visited the computer software company set up in 1998.

Example 63

1. This is an aspect peculiar to Japanese culture.
   ［注］　ここでも、関係代名詞節を使わないことによって、数や時制表示の手間が省けている点に注目してください。同様のことは2、3についてもいえます。
2. I heard about the brutal murder quite shocking to all the people in the neighborhood.

3. Don't you know anyone familiar with the history of this old town?

Example 64

1. Those (people) I met the other day were all English teachers.

   (別解) All the people I met a few days ago were English teachers.
   [注] ここに見られるような関係代名詞の省略は、特に先行詞が短い場合 (those, all the people, etc.) は一般的です。同様のことは 2、3 についてもいえます。関係代名詞を省略するかしないかの微妙な点については p. 123 を参照してください。
2. I hear (that) the company I worked for until a few years ago is now doing badly.

   (別解) I understand (that) the company I worked for until several years ago has been doing bad business recently.
3. The man I drank with yesterday is a famous philosopher.

   (別解) The person I had a drink with yesterday is a well-known philosopher.

Example 65

1. Clark went to New York for a job.
2. In that dream I found myself crying [shouting] out of terror.
3. I was at a loss for words at that time.

Example 66

1. What is needed in this crisis is for you to play your own role in restructuring the system.
   [注] 後半に that 節を使わないことで、数、時制などの選択の手間が省ける

点に注目してください。2、3も同様です。

2. The most important thing is for students to learn to think for themselves.
3. What is essential is for the whole nation to face up to what's going on at home.

Example 67

1. Those who were summoned at the meeting were the ones with a working knowledge of French.
   ［注］　前置詞 with 以下の形にすることで、関係代名詞節の場合の動詞、時制、数の選択の手間が省ける点に注目してください。2も同様です。
2. We need people with some teaching experience in America.
3. Do you know the woman in *kimono*?
   ［注］　ここでは前置詞が in になる点に注意してください。

Example 68

1. This is not a subject to be taught to small children.
   ［注］　to 不定詞を使うことで数、時制の選択の手間が省けている点に注目してください。2、3も同様です。
2. William Adams was the first Englishman to land in Japan.
3. Jennifer had a lot of friends to support her.

Example 69

1. We need some space to build a new airport.
   ［注］　ここでも to 不定詞を使うことで主語設定、数、時制の選択の手間が省けている点に注目してください。2、3も同様です。
2. This is not a place to drink.
3. Do you have any space in your room to put this electronic piano?

Example 70

1. We need a fluent English speaker.

   (別解) We need a fluent speaker of English.
   ［注］ これは Chapter 1 (p. 28) で扱った英語の名詞中心構文の一種といえます。2、3 も同様です。

2. John is a real traveler [tourist].
3. Meg is a tough [hard] negotiator.

Example 71

1. Excuse me, but could [can] you tell me where to go?
   ［注］ 参考までに、wh で始まる疑問詞のうち why だけはあとに to 不定詞をとることができません。

2. I've just arrived, so I have no idea what to do and when to start.

   (別解) I've arrived just now, so I don't know what to do and when to start.

3. By the end of next month I'll have to decide whether to stay [remain] in Japan.

Example 72

1. You must be a junior high school student. You're too young to smoke.
   ［注］ この場合の must は「～に違いない」というような意味ではなく、「～だろう」という話者の確信的な推量を表す働きがあります。

2. English newspapers are too difficult for me to read.
3. Shirley is too shy to speak [make a speech] in public.

Example 73

1. The development of medicine has enabled human beings

to stay young.

2. The driver's carelessness caused the terrible railroad accident.

 (別解) The careless driver was responsible for the terrible railroad accident.

3. The survey showed [indicated/revealed/demonstrated] that the majority of Americans believe that the United States will remain the only superpower in the 21st century.
 ［注］ survey は日本語でいえば「アンケート調査、統計調査」というような意味です。

Example 74

1. John admitted that he had neglected his family.
 ［注］ ここで admitted の次に the fact を入れても、実質的に何の意味も付け加わらないという点に注意してください。同様のことは 2、3 にも当てはまります。

2. Mr. Tanaka told me that my father had been imprisoned.

3. Fiona still can't accept that her mother is dead.

Example 75

1. Few Japanese high school students like science subjects.
 ［注］ もし Many Japanese high school students で始めるなら、あとの動詞を dislike にすれば自然なつながりになります。

2. Few Americans are interested in learning foreign languages.

3. Few typhoons hit Hokkaido.
 ［注］ ここで Many typhoons で始めるとすれば、Many typhoons avoid [bypass] Hokkaido. などと表現できます。

Example 76

1. In that developing country little money is spent to feed the

people.

（別解）The government in that developing country spends little money supporting the people.

［注］　governmentは通例単数扱いですが、イギリス英語では複数扱いが普通です。

2. People have paid little attention to how to protect themselves from terrorism.

［注］　同様の意味を、人々の数に還元して、Few people have paid good attention to how to protect themselves from terrorism. とも表せます。

3. Young people today show little interest in succeeding in life.

（別解）These days young people show little interest in getting ahead in life.

［注］　同様の意味を、若者の数に還元して、Few young people today are interested in succeeding in life. とも表せます。

Example 77

1. One reason (why) he decided to leave Germany was the deteriorating [declining/worsening] German economy.
   ［注］　reason why の why は省略可能です。

2. One urgent thing that the government should do is to create jobs.

   （別解）One thing the government should do immediately is to create new jobs.

   ［注］　日本語は「直ちに」と「緊急」と、同じ意味の言葉が2回でてきていますが、英語に訳すときは同様の意味の表現を重複しないように気をつけてください。同様の意味の表現の重複を避ける、というテーマについては p. 3 を参照のこと。

3. One reason (why) our university is getting fewer students is that the president is not a good businessman.

   （別解）One reason (why) there are [have been] fewer students at our college is that the president knows nothing about business.

Example 78

1. A train will take [get] you to Shinjuku in thirty minutes.
   ［注］「連れて行く」は take,「連れてくる」は bring ですが、get は両方の意味に使えます。Take と bring の使い分けは、日本人学習者には紛らわしいということを考えると、get は便利な動詞だといえます。
2. A respectable teacher wouldn't say things like that.
3. More reasonable [understanding] parents would have allowed me to go to Britain by myself.

CHAPTER 4

Example 79

1. I was asked by Alex to be more generous.
   ［注］この場合別解として、能動態の Alex asked me to be more generous. が考えられます。
2. The soldiers were ordered by the general to stay in [on] the front line.
   ［注］この場合別解として、能動態の The general ordered the soldiers to stay in [on] the front line. が考えられます。
3. The foreigners were ordered by the government to leave the country as soon as possible.
   ［注］この場合別解として、能動態の The government ordered the foreigners to leave the country as soon as possible. が考えられます。

Example 80

1. When I was young, I went to the movies [the cinema] at least three times a month.
2. You should study English at least thirty minutes every day.
3. At least, you should have greeted Mr. Tanaka.
   (別解) At least, you should have said hello to Mr. Tanaka.
   ［注］この場合の at least は文全体にかかる働きがあります。

Example 81

1. The president left to him a job that would demand [require/need] a lot of time and energy.
2. Jane put on the table the roses she bought for twenty dol-

lars at the florist on the corner.

[注] この場合、バラは1本だけの可能性もありますから、その場合は the rose となります。

3. Jack introduced to me a young conductor who is winning worldwide recognition.

（別解）Jack introduced to me a young conductor who is getting worldwide attention.

Example 82

1. This is a present [gift] from Joan to you.
2. It will take about one hour and a half to fly from Tokyo to Fukuoka.

   （別解）Flying from Tokyo to Fukuoka will take about one and a half hours.

   [注] この場合、It takes ... とすると、確定的な響きがやや強く出るので、どちらかというと It will take ... というふうに、推量的な助動詞を入れたほうが、日常的な表現になります。

3. It will take about six hours to drive from here to London.

   （別解）Driving from here to London will take about six hours.

Example 83

1. I stayed home all day long yesterday.
2. I had lunch with John yesterday.
3. I had a car accident [a car crash] yesterday.

   [注] 「交通事故」にあたる英語としては、traffic accident という言い方はそれほど一般的ではありません。

Example 84

1. Japan's education system thirty years from now will be

totally different from what it is now.
　［注］　from what it is now は省略可能です。
2. This village thirty years from now will be hardly different from what it is at present.
　［注］　ここでも from what it is at present は省略可能です。

（別解）Thirty years from now, this village will be almost the same.
　［注］　thirty years from now を文末に置くのは、非常にぎこちないので避けたほうがいいでしょう。

3. Thirty years from now, I won't be alive.

（別解）Thirty years from now, I will be dead.
　［注］　この文では thirty years from now を文末に置いて、I won't be alive thirty years from now. ということもできます。

Example 85

1. Japanese people today feel less happy than they did twenty years ago.

（別解）These days, the Japanese do not feel as happy as they did two decades ago.
　［注］　today の前に of を置いて of today ともいえますが、表現の簡潔さの観点からは of を省略したほうがよいでしょう。

2. These days, few students know what they want to do.

（別解）Many students today do not know what they would like to do.

3. Japanese children today are less ambitious than they were in the past.

（別解）These days, Japanese children are less eager for success than they were in the past.

Example 86

1. "What are you going to do tomorrow?" "Tomorrow, I'm going to watch my favorite videos at home."
   ［注］　後半の文は Tomorrow を省略することもできます。
2. "Where will you be tomorrow afternoon?" "Tomorrow afternoon, I'll be on the Edinburgh train."
   ［注］　後半の文は Tomorrow afternoon を省略することもできます。
3. "What were you doing yesterday afternoon?" "Yesterday afternoon, I was having a good time singing *karaoke* with friends."
   ［注］　後半の文は Yesterday afternoon を省略することもできます。

Example 87

1. Could you send by March 31 the document with your own signature to the following address?
2. By the end of October it will be gone.
   （別解）By the end of October it will have disappeared.
   ［注］　この場合文脈からして、いつごろまでに、ということが情報の焦点になっているので、それにまず答える形で By the end of October から始めるのがよい書き方です。
3. The scholars are expected to submit by August 30 their research report on the radioactive contamination to the Environmental Agency.

Example 88

1. Mike has recently been working very hard.
   ［注］　recently を助動詞 has と been の間にいれる呼吸を覚えてください。
2. I recently met Tom.
3. I don't know why [I can't explain why], but I've recently been depressed.

Example 89

1. Americans are generally said to be pragmatic. Some people, however, claim that Americans are more spiritual than pragmatic.

    (別解) It is generally said that Americans are pragmatic. Some, however, say that Americans are spiritual rather than pragmatic.
    [注] 後半の文を However, some people で始めても別に間違いではありません。

2. E-learning is now very common in the United States. In Japan, however, it will be some time before it becomes widely used.

    (別解) These days, e-learning is widely used in the United States. In Japan, however, it will take some time for it to become common.
    [注] この英文の場合、後半の文を However, in Japan, it will ... で始めても別に間違いではありませんが、1 の場合よりコンマが多くなって、少しぎこちない印象があります (however を文中に置いてその前後がコンマで区切られることには別に抵抗はありません)。

3. Many students study English at school. Few of them, however, continue to study it after finishing school.

    (別解) A large number of students study English at school. Very few of them, however, go on studying it even after finishing school.
    [注] この文では「多くの学生」のうち非常に少ない者が、というふうに部分集合的に考えて、後半を Few of them もしくは Very few of them とします。

Example 90

1. George was a violent guy, always cruel and savage.
    [注] この英文の後半の部分では、英文のほうには was という動詞がないにもかかわらず、日本文にすると「いつも非情で野蛮だった」というふうに、普

通の「主語 + 述語」的に響くことに注目してください。

2. Keiko is a very eager student of astronomy, showing a lot of interest in the structure of the universe.
   ［注］ この英文の後半の部分では、英文のほうは showing というふうに -ing 形になっているにもかかわらず、日本文にすると「〜を示した」というふうに、普通の「主語 + 述語」的に響くことに注目してください。

3. Mrs. Tailor was an inexperienced teacher, knowing little about how to teach English to Japanese students.
   ［注］ この英文の後半の部分では、英文のほうは knowing というふうに -ing 形になっているにもかかわらず、日本文にすると「〜しか知らなかった」というふうに、普通の「主語 + 述語」的に響くことに注目してください。

Example 91

1. After graduating from college, Kate went to [visited] a few Asian countries to broaden her horizons [expand her mind].

2. Right before landing, the plane crashed.
   （別解）The plane crashed right before landing.

3. While staying in Japan, David learned a lot about how the Japanese think and feel.
   ［注］ 「日本人のものの考え方や感じ方」は the Japanese way of thinking and feeling ともいえますが、どちらかというと how を使って 'S + V' の構造にしたほうがよいでしょう。

Example 92

1. John came to my flat to talk to me about his future career, and then Ted came for some money.
   ［注］ 前半の部分は John came to my flat to discuss his future career ともいえます。

2. I told him about the schedule in his room, and we moved to the cafeteria, where we discussed our next project.
   ［注］ 動詞 told の繰り返しを避けるように、また and の繰り返しを避けるように工夫します。

3. That university put an emphasis on promoting foreign language education for the purpose of making the students more internationally-minded, and made efforts to implement an e-learning system to help the students (to) learn foreign languages efficiently.
   [注] for the purpose of の繰り返しを避けるように工夫します。

Example 93

1. John, who is an excellent pianist, lives in Paris with his sister.
   [注] 関係詞構造の部分は付け足し的情報で、メインの情報は lives 以下になるので情報のメリハリがついて、それなりに統一のとれた英文です。

   (別解) John is an excellent pianist, and a world-famous composer too.

2. I want to go to the United States. My dream is to become a movie star in Hollywood.
   [注] ここでの解答例のように、前半をアメリカに行きたいとすれば、後半とつながりがよくなります。

3. Japan is a mountainous country surrounded by the sea.
   [注] 問題文では前半は地理的情報、後半は文化的情報なので、解答例では地理的情報で統一しました。

Example 94

1. There are many native speakers of English living in Japan. If you want to learn real English, I suggest you make friends with them.
   [注] はじめの文を従属節ではなく、独立文にすると全体がすっきりします。このことは 2、3 も同様です。

2. Russia is a European country, but when you look at Russian history, you will soon notice that it includes something alien to the histories of other European nations.

3. The Japanese are less eager for success than before, so they should be ready to accept a less comfortable life, whether they like it or not.

Example 95

1. Teaching is one thing, but teaching well is another.
2. In Japan, being the same as other people is less difficult than being different.
   [注] この英文のような比較級は、less を使っているので劣等比較構文と呼ばれます。一般に日本人学習者は more を使った比較構文はよく習得していますが、劣等比較構文は苦手のようです。参考まで more を使うと、In Japan, being different is more difficult than being the same as other people. となります。
3. You should carry out the plan carefully and elaborately.

Example 96

1. English is difficult to learn. It is perhaps more difficult than French or German.
   [注] 第1文と第2文をセミコロンでつなぐこともできます。同様のことは 2、3 についてもいえます。
2. John is a lazy student. He is spending most of his time playing at the amusement arcade nearby.
3. Sadao is a gourmet. He is always enjoying good food and wine at luxurious restaurants.

Example 97

1. Bonn, where Beethoven was born, is a beautiful German city.
   [注] Bonn の次にコンマを打たないと、ベートーベンが生まれなかった、そういう種類の Bonn が他に存在する、という含みが出ます。
2. John had a son who became a fireman.

[注] son の次にコンマを打つと、John には息子はひとりしかいなかった、という含みが出ます。

3. There are two types of submarines: conventional and nuclear-powered.

[注] コロンは、A: B において、A の具体的項目を B で列挙する場合などによく使われます。

Example 98

1. This is the song I like best.
2. This is the Toyota car I'm going to buy next month.
3. This is the 18th-century map of London that I've wanted for such a long time.

[注] この場合、関係代名詞 that を省略しても別に文意は不明瞭になるわけではありません。

Example 99

1. Gary is a difficult person. He gets angry quite easily and never listens to other people.

   [注] 第1文と第2文を、ピリオドではなく Gary is a difficult person; he gets... のようにセミコロンでつなぐこともできます。同様のことは 2、3 にも当てはまります。

2. This is a pleasant place to live. The weather is mild, prices are reasonable, and the people are friendly.

   (別解) This is a pleasant place to live — mild weather, reasonable prices, and friendly people.

3. You have done very well. Your longstanding hard work has greatly improved English education at our school.

Example 100

1. At first, I found it difficult to do the job. Contacting new

people almost every day was painful. After all, it took me three years to get used to the job.

2. Last year I stayed with a London family. They had so many friends. I had a lot of chances to talk to them and my English improved a lot.

　［注］　3番目の文は My English improved a lot because I had a lot of chances to talk to them. とすることもできます。

3. I felt offended because the bus driver was rude, and the noisy passengers made me sick. On top of that, the terrible traffic jam was tiring.

参考文献

本書の執筆にあたっては、以下の書物を参考にしました。

Crystal, D. and D. Davy (1969)　*Investigating English Style.* English Language Series. London: Longman.

Halliday, M.A.K. and R. Hasan (1976)　*Cohesion in English.* London: Longman.

Leech, G. N. (1987^2)　*Meaning and the English Verb.* London: Longman.

Leech, G. N. and J. Svartvik (1979^2)　*A Communicative Grammar of English.* London: Longman.

Strunk. W. J. and E. B. White (1979^3)　*The Elements of Style.* New York: Macmillan.

安藤貞雄（1983）『英語教師の文法研究』大修館書店

安藤貞雄（1985）『続・英語教師の文法研究』大修館書店

安藤貞雄（1986）『英語の論理・日本語の論理』大修館書店

池上嘉彦（1981）『「する」と「なる」の言語学』大修館書店

池田拓朗（1992）『英語文体論』研究社

江川泰一朗（1986）『英文法解説』金子書房

富岡龍明（2000）『英作文実践講義 改訂版』研究社

富岡龍明（2003）『論理思考を鍛える英文ライティング』研究社

福地　肇（1995）『英語らしい表現と英文法』研究社

索引

日本語索引

ア行

一般動詞の省略　4
意味のまとまり　98, 99, 100, 101, 104
因果関係　17
受身表現　20
英文の構成　125

カ行

介在語句　123, 124
会話体　52
書き言葉　50, 51, 57, 58, 67, 68
学術論文　63
仮定法　35, 55
仮定法過去　35
仮主語 It　75, 77, 127
関係詞の非制限用法　122
関係代名詞構文　73, 74
関係代名詞節　83, 84
関係副詞　66
関係副詞節　85
簡略なスタイル　13
擬人法的用法　11
旧情報　106
共通動詞句の省略　4
形容詞 + 名詞　86
「形容詞 + 名詞」構文　31
形容詞用法の不定詞　84
結論から枝葉へ　23
現在完了時制　108
現在時制　53

後位形容詞　79
後位分詞　78, 79
語句の並列　118
語順　24
「こと」中心　28, 29, 31, 32
言葉の簡潔性・経済性　123
言葉の自然なつながり　98
コロン　119
コンマ　47, 119, 121

サ行

従属節構造　48
従属接続詞　117, 119
重文　60
受動態　10, 20, 21
準動詞　87
枝葉から結論へ　22
情報の自然な流れ　21
情報の出し方　22
譲歩節　109
省略　3
叙述型構文　29
新情報　106
スピーチ・レベル　34
セミコロン　47, 119
前置詞句　81, 83
挿入語句　123, 124

タ行

代用表現　6
短縮形　62, 63

177

単純現在時制　53
単文　73
単文の並列　111
抽象から具象へ　22
抽象名詞　25, 59
直説法　55
「である」言語　19
同一語句の反復　113
同一主語　60
同格の that 節　90
同語反復　3, 4
倒置　64
倒置構文　45
掉尾文　114
時を表す副詞　103–108

ナ行

「なる」　17, 19
「なる」的言語　19
人間中心表現　7
人称主語　8, 127
人称主語構文　9
能動態　10, 21
能動表現　20

ハ行

話し言葉　34, 50, 51, 60, 66, 67
パンクチュエーション　121
非可算名詞　56
非人称主語　127
ピリオド　119, 121
フォーマルなスタイル　47
フォーマルな文語体　67
フォーマルな文体　39, 42, 43
複数名詞　56
複文　73

物主構文　12
不定詞 + 名詞　95
不定詞句　81, 84–86
不定詞構文　82
文語的なニュアンス　11
分詞構文　48, 50
文修飾副詞　77
文順　24
文体の混交　68, 69
文と文の結合の問題　21
補語の省略　5

マ行

未来完了　65
無冠詞 + 複数名詞　95
無生物主語構文　12–16, 89
名詞中心構文　29
名詞表現　25
目的格の関係代名詞　80
もの主語的　8
「もの」中心　28, 29, 31, 32

ヤ行

優雅な変奏　113, 118

ラ行

連結性　115
論理性　98

A～Z

for + 意味上の主語 + to do　82
how + 形容詞・副詞　25
that 節　82
to 不定詞　88
to 不定詞か ～ing か　53
with 構文　29

英語索引

A
allow 15
as if 51
As is (often) the case 43

B
be ~ing 53
be going to 53
because 29
become 19
believe 27
but 57, 109
by 18

C
coherence 115
come to do 19
comma fault 119
completely 69

E
economy of speech 123
elegant variation 113, 118
enable 13
excellent 69
extremely 69

F
few 91
find 9
for 45
from X to Y 102

G
guess 27

H
had better 58
help 14
how 66
how to do 87
however 57, 109

I
if 35, 51, 95
imagine 27
in one's school days 52
It is not too much to say that 41
It is said that 39, 40

L
learn X from Y 101
little 92

M
make 12
make it a rule to do 44
many 91
More and more ~ 73
much 92

N
never 69
not 27, 91, 92
not only ~ but also 42
not until 45

O
one 6
one of ~ 93
organization 125

179

P

pass 11
People say that 40
periodic sentence 114
possibility 59

R

reader-friendly 93

S

sense unit 99
show 16
so 56
so ... that + S + V 88
such 34, 56
suppose 27

T

that 34
the fact that ... 31, 90
The number of ~ 73
the way 66
the way how 66
the way in which 66
the way S + V 66
the way that 66

There 74
therefore 68
they 10
things like that 34
think 27
this 34
though 51
too ... to ~ 88
top-heavy 75, 76

U

under-punctuation 121

V

very 69

W

what X is like 26
when 51
while 51
who 83
will 53
will be ~ing 53
with 29

Y

yesterday 103

著者紹介
富岡龍明（とみおか たつあき）
　　1952年福岡生まれ。エディンバラ大学応用言語学科大学院博士課程修了。元鹿児島大学教授。専攻は英語文体論。著書に、『英誤を診る』（共著、河合出版）、『英作文実践講義』、『英作文へのニューアプローチ』、『論理思考を鍛える英文ライティング』、『英語のスタイル』（共著）（いずれも研究社）、『モデル英文からのライティング』（金星堂）などがある。

英語らしい英文を書くためのスタイルブック

2006年9月20日　初版発行
2021年7月2日　7刷発行

著　者　富岡　龍明
発行者　吉田　尚志
印刷所　研究社印刷株式会社

発 行 所　株式会社　研 究 社
https://www.kenkyusha.co.jp

KENKYUSHA
〈検印省略〉

〒102-8152
東京都千代田区富士見2-11-3
電話（編集）03 (3288) 7711 (代)
　　（営業）03 (3288) 7777 (代)
振替 00150-9-26710

装丁・本文カット：吉崎克美

© Tatsuaki Tomioka, 2006
ISBN 978-4-327-45203-2　C1082　　Printed in Japan